RESEÑAS INTRODUCTORIAS

«A los 91 años, Halina Kleiner finalmente puso por escrito con la ayuda de su coautor, Edwin Stepp, la verdadera historia de su vida como una niña superviviente del Holocausto. Su libro, *Mi marcha a través del infierno,* narra los seis años en los que Kleiner pasó de ser una joven e inocente adolescente a experimentada y experta superviviente de la tortura alemana, testigo del asesinato en masa. Este libro es especialmente valioso por el relato de las experiencias de Halina en una de las infames "marchas de la muerte" alemanas, cuando hacia el final de la guerra, los judíos que habían sobrevivido a la hambruna y la brutalidad de los campos de concentración y trabajo alemanes fueron obligados a marchar para impedir que los soldados aliados encuentren a los testigos macilentos de los asesinatos en masa cometidos por los nazis. Es un libro excepcional e inusual. Desvela numerosos detalles emotivos de la brutal marcha de Halina, que resultó en la muerte de muchos de los prisioneros obligados a participar en la «marcha». Halina le atribuye a la suerte haber sobrevivido cada paso de su captura a manos de los nazis. Es demasiado modesta y no logra reconocer que su asombrosa valentía, proeza, inteligencia e ingenio son, fundamentalmente, las verdaderas razones por las que sobrevivió al terror y al trauma. Tomó decisiones de cuándo y cómo huir o quedarse, en quién confiar y en quién no. Ya fuera por sexto sentido o por otra razón, Halina utilizó su juicio, astucia e inteligencia para escapar, por un tiempo, de los nazis o de sus colaboradores, durante y justo después de la guerra. Es verdad, como Halina señala, que muchas de las víctimas del terror nazi sobrevivieron años de horror y tortura gracias a su astucia hasta que, con el tiempo, "se les acabó la suerte". Sin embargo, es imposible leer la historia de Halina, desde sus 13 a 18 años, sin sentir una enorme admiración por esta niña, sabia más allá de su edad, que aventajó a los nazis y frustró sus planes de asesinarla. Un tema igualmente importante de este libro es que las relaciones entre los prisioneros cumplieron un papel fundamental en su supervivencia. Aquellos que vivieron solos, murieron solos. Halina estableció una relación cercana con otras dos jovencitas, se ayudaron mutuamente de incontables maneras en el campo y, literalmente, sostuvieron a la que ya no podía caminar en la marcha de la muerte, se alentaron de forma continua para mantener viva la esperanza. El libro está destinado a convertirse en un clásico y en una lectura fundamental a partir del primer ciclo de secundaria. Enseña la historia de las cosas terribles que los nazis infligieron sobre las víctimas judías sin aterrorizar o abrumar a los lectores del primer ciclo y grados superiores de secundaria. Animará a los jóvenes que empaticen con Halina a pensar qué harían ellos en situaciones desesperantes. Inspirará a sus lectores a apreciar su propia vida y a aceptarla o mejorarla sin perder la esperanza en momentos difíciles. En varios sentidos, este libro es una opción mucho mejor para asignarles a los adolescentes que *El Diario de Ana Frank*. Léalo y entenderá».

Dr. Kenneth P. Price. Autor de *Separated Together. The Incredible True WWII Story of Soulmates Stranded an Ocean Apart.*

«Halina y yo sobrevivimos juntas la marcha de la muerte a Volary. Era cinco años menor que yo, por eso me asombraba su fortaleza y resiliencia durante esos meses espantosos. Estoy tan contenta de que finalmente esté contando su historia. Es un relato cautivante de todas las veces que escapó de milagro y un símbolo de resistencia y valentía contra la maldad indescriptible.»

Gerda Weissmann Klein, escritora polaca-americana premiada y activista por los derechos humanos. Autora del libro *All but My Life*, 1957, una autobiografía de sus experiencias durante el Holocausto. Galardonada con la Medalla Presidencial de la Libertad por Barack Obama en el 2011.

MI MARCHA A TRAVÉS DEL INFIERNO

EL ATERRADOR VIAJE DE UNA JOVENCITA
HACIA LA SUPERVIVENCIA

HALINA KLEINER

EDWIN STEPP

ISBN 9789493322479 (libro electrónico)

ISBN 9789493322486 (tapa blanda)

Editorial: Amsterdam Publishers, Países Bajos

Derechos de autor © Halina Kleiner, 2023

Mi marcha a través del infierno forma parte de la serie **Supervivientes del Holocausto**

info@amsterdampublishers.com

Imagen de portada: Fotografía de la marcha de la muerte a Volary, Oberhaid, Checoslovaquia, 4 de mayo de 1945.

Todos los derechos reservados. No se permite la reproducción total ni parcial de esta publicación por ningún medio, electrónico o mecánico, incluyendo fotocopias, grabaciones, ni ningún sistema de almacenamiento y recuperación de información, sin consentimiento escrito de la editorial.

ÍNDICE

Introducción	ix
Justo antes de la guerra: Las últimas vacaciones	1
La guerra comienza: de mal en peor	5
El principio de la guerra: escapar de regreso a casa	11
Atrapada sin brazalete	14
En el gueto	17
¡Aktion! La muerte llega a Częstochowa	23
¡Despojados!	28
A las afueras del gueto	31
La señora Sporna	35
«No te puedes quedar»	38
Sola en la huida	42
Escondida en el ático	45
¿Morir sola o con mi pueblo?	51
Ver a mi padre por última vez	55
Planeando un escape peligroso	59
De contrabando a Będzin	65
Volver a ver a mis abuelos	71
Dentro del campo de Bolkenhain	76
A Landeshut	81
Trasladada otra vez – campo de Grünberg	85
Las SS toman el mando	89
La marcha comienza	93
A través del frío, desde Grünberg a Bautzen	99
La ejecución de Bautzen	103
En un puente de Dresde	108
El infierno de Helmbrechts	113
Devuelta en la marcha. A Neuhausen	119
A Checoslovaquia sin comida	123
Un recibimiento desafiante de los checos	129
Adiós, mi querida Halinka	134
¡Por fin escapamos!	138
El granjero alemán	143
La guerra ha terminado	147

El hospital en Prachatice	151
Sanando con cuidados	155
Recobrando la humanidad	159
Camino a Austria	163
Desplazada con Lonek - Salzburgo	167
Marchándome de Salzburgo	171
Reunidos	175
Hacia América	179
Búfalo y Gerda	182
Sobreviviendo a América	187
Mirando atrás	191
Epílogo	195
Agradecimientos	199
Fotografías	201
Solocitud Cordial	209
Sobre los autores	211
Más de Amsterdam Publishers	215

INTRODUCCIÓN

¿Por qué escribir este libro? ¿Es necesario para la historia otro relato del Holocausto? Con los cientos de miles ya escritos y grabados, ¿marca uno más la diferencia en establecer la verdad de este horrible evento? ¿Ayudará otra espantosa y terrible historia a prevenir que un hecho como este vuelva a ocurrir?

Me deja estupefacta que todavía haya personas que nieguen el Holocausto. Agregar mi historia a las montañas de evidencia ya acumulada no los hará cambiar de opinión. Una cosa es negarlo, y otra muy distinta es difundir la mentira de que nunca sucedió. Aquellos que se dedican a esto último necesitan ser rebatidos con intensidad y de forma continua con cada historia contada y por contar. A medida que nos alejamos más y más de la Segunda Guerra Mundial, las generaciones venideras necesitan tener disponibles cada uno de estos relatos para su revisión y testimonio.

Mi generación y los de mi pueblo que sobrevivieron al Holocausto repiten constantemente «¡nunca olviden!». El horror de aquel momento está todavía fresco en nuestra mente. Para aquellos que no lo vivieron y para los que vendrán después de nosotros, la única manera de que «nunca olviden» es que nuestras memorias se conviertan en las suyas. Y la manera de hacerlo es registrando cada una de las historias que se puedan registrar.

Por eso finalmente sentí que necesitaba escribir este libro.

También pienso a menudo en aquellos que nunca tuvieron la posibilidad de contar sus historias. Se estima que dos de tres judíos que habitaban en Europa antes de la guerra perdieron la vida. Las historias de algunos de los que murieron fueron contadas por otros después de la guerra. A la mayoría de ellos, nunca sabremos lo que les pasó.

Entonces también por ellos escribo este libro. La razón por la que sobreviví, y por la que otros no, fue mera suerte. Yo no era más inteligente, más fuerte o astuta, simplemente estuve en el lugar correcto, en el momento correcto para escapar de la muerte. Mi historia es una larga secuencia de escape tras escape; situación fortuita tras situación fortuita; golpe de suerte tras golpe de suerte. Seis millones de los míos vieron cómo se les acababa la suerte. No pueden contar su historia. Yo aún puedo contar la mía, por eso siento que por ellos tengo la obligación de escribirla de la forma más detallada.

En 1987, conté mi historia, cuando me entrevistaron en la Universidad Kean en Union, Nueva Jersey. Las cuatro horas de video están disponibles en línea, sin embargo, ese no fue el relato completo. Debido a la falta de tiempo, no pudimos grabar algunas de sus partes. Me tomó muchos años contar por fin la versión completa. A los 91 años, sé que, probablemente, no me quede mucho tiempo, por lo que decidí juntar fuerzas para hacerlo.

La demora no se debió a que no podía soportar revisar los horribles eventos —como les ocurrió a muchos otros sobrevivientes del Holocausto—, al contrario, hablaba a menudo sobre ellos con mis amigos, quienes también fueron supervivientes. Relataba con frecuencia la historia a mis familiares, mis hijos y, especialmente a mi esposo, Leon. La historia de su supervivencia es también extraordinaria y singular y está publicada como *Save My Children*.

The Astonishing Tale of Survival and its Unlikely Hero (Amsterdam Publishers, 2020). Su habilidad para completar esta difícil tarea me inspiró a seguir su ejemplo.

De haber tomado un bolígrafo antes en mi vida, habría sido más fácil para mí completarlo. Pero estaba tan ocupada y no podía encontrar el tiempo entre mis otras, tal vez más importantes, labores familiares. El momento más difícil de mi vida fue durante la guerra, por supuesto. Sin embargo, la vida en América no ha sido toda color de rosa. Trabajamos duro para construir un negocio exitoso y criar tres hermosos niños, uno de los cuales perdimos a causa del cáncer. Mi hijo, David, murió de cáncer cerebral a una edad muy temprana, y esa tragedia nos ha perseguido a lo largo de nuestras vidas. Escribo este libro pensando en él. Tampoco tuvo la posibilidad de escribir o contar su historia, aunque, de haber sobrevivido, sé que habría sido brillante.

JUSTO ANTES DE LA GUERRA: LAS ÚLTIMAS VACACIONES
AGOSTO 1939

El caluroso día de verano estaba llegando a su fin. La tristeza comenzó a invadirme al darme cuenta de que estábamos en el último día de las vacaciones. Me senté afuera de la habitación del hotel y pensé en las montañas preciosas que me rodeaban y en el momento maravilloso que habíamos pasado con mi madre y mi abuela. Aunque deseaba poder quedarme un tiempo más, extrañaba a mi padre y saber que pronto lo volveríamos a ver me animó un poco.

Las ciudades turísticas de la cordillera del Cáucaso eran las favoritas de los europeos de todas partes. Los campos hermosos, ríos en cascada, lagos destellantes y los senderos que cubrían el paisaje eran un escape maravilloso de las exigencias y las presiones de las ciudades abarrotadas de Polonia, Austria, Ucrania y Checoslovaquia. Quizás fueron las incontables primaveras calurosas las que inspiraron a millones de europeos del Este a hacer de esta zona su destino vacacional cada año. La región destacaba por sus lujosos, y no tan lujosos, balnearios que contaban con aguas curativas.

Mi familia estaba entre aquellos turistas todos los años. Nos alojábamos en unos lugares encantadores, pero eran más los complejos «no tan lujosos» los que podíamos pagar. Como preadolescente, no conocía la diferencia. Podríamos haber dormido en tiendas de campaña y me habría encantado la experiencia igual. La emoción que brotaba en mi interior, al acercarse agosto, era incontenible. Y cuando llegaba el momento de subir al tren para emprender el largo viaje hacia el sur, era como quitar la tapa de una olla a presión. Finalmente nos íbamos al paraíso.

Por lo general, pasábamos varias semanas en el complejo turístico. Teníamos toda clase de actividades emocionantes y relajantes en las que participar: caminar por las laderas empinadas, nadar en los lagos y ríos y, a veces, solo estar sentados sin hacer nada. Como me encantaba leer, esta última actividad no me resultaba para nada aburrida.

Amaba tanto leer que, a menudo, mis únicos regalos de cumpleaños y Janucá eran libros. No había nada que pudiera recibir que me hubiera hecho más feliz.

En aquel día de finales de agosto de 1939, estábamos terminando de empacar para emprender el viaje en tren a casa. Al cerrar las últimas maletas, escuché a mi madre y a mi abuela hablar en tono nervioso y asustado. Había un gran sentido de urgencia en sus voces. Debíamos dirigirnos lo más rápido posible hacia la estación. Habían escuchado malas noticias sobre tensiones políticas que envolvían el continente.

Hitler y Stalin habían acabado de firmar el tristemente célebre tratado de no agresión. Solo algunos días pasarían antes de que el dictador nazi invadiera Polonia, dando así inicio a la Segunda Guerra Mundial. Con diez años, no sabía mucho sobre política internacional, pero era consciente de la amenaza de guerra. Durante mucho tiempo, la desafiante nación alemana había estado sonando tambores de guerra. Comprendía lo suficiente, incluso a mi corta edad, sobre los peligros inminentes como para compartir los temores de mi madre y mi abuela.

Al acercarnos a la pequeña estación de tren, podíamos ver una oleada de actividad. Generalmente, esta estación era tranquila y poco concurrida, pero ahora había más gente de lo habitual y una sensación de ansiedad en sus movimientos. Llegamos con nuestro caballo y calesa, al mismo tiempo que algunas otras calesas más. La gente a pie se precipitaba hacia la entrada de la estación, arrastrando sus maletas. Los niños pequeños se apresuraban frenéticamente detrás de sus padres, tratando de seguirles el ritmo.

La calesa llegó, abrimos de golpe las puertas y salimos de repente. Una conversación cercana a nosotras entre dos hombres nos reveló la noticia. Las tensiones entre Alemania y Polonia aumentaban con rapidez y crecía la amenaza de guerra. Estos turistas se dieron cuenta de que podría ser imposible volver a casa si no se marchaban pronto.

Nos apresuramos a la terminal ferroviaria para encontrarnos con una ansiedad aún mayor en el interior. La gente se apiñaba y empujaba en las alborotadas filas que conducían a las taquillas. Por fortuna, ya teníamos los billetes para la vuelta. El tren partiría pronto. No perdimos el tiempo y nos dirigimos a la vía. Nos sentimos aliviadas de ver el tren allí, echando humo y haciendo sonar su motor, mientras se preparaba para la partida. Los pasajeros corrían por las pasarelas y arrojaban el equipaje hacia las puertas. Los conductores agitaban los brazos para que se apresuraran a subir al tren. Encontramos nuestro vagón y nos movimos lo más rápido posible hacia los asientos. Me desplomé en el asiento al lado de la ventana y me relajé. Estaba ansiosa por ver a mi padre y lista para que el ritmo reconfortante del tren me acune hasta dormirme.

El vagón se tambaleaba hacia delante, y el metal de las ruedas y acople chirriaban. Se estaba moviendo, pero solo por un segundo y luego volvió a detenerse. Otra sacudida, y esta vez el movimiento continuó. Muy lentamente, el tren se alejó de la terminal. La velocidad aumentaba y con cada incremento, los latidos de mi corazón se desaceleraban del ritmo temeroso que había provocado toda la ansiedad. Estábamos de regreso a casa. Mi madre y mi abuela respiraban grandes suspiros de alivio. La tensión abandonó mi cuerpo y me acomodé en el asiento, lista para cerrar los ojos y dormir.

Más tarde, descubrimos que nuestro tren había sido el último en partir de la estación aquel día. Un golpe de suerte. No tenía idea en aquel momento cuántos más iba a necesitar y a experimentar en los próximos seis años.

LA GUERRA COMIENZA: DE MAL EN PEOR
SEPTIEMBRE 1939

Cuando llegamos a Częstochowa, donde vivíamos, el ambiente era sombrío. Todos esperaban lo peor, no solo los judíos, sino también los polacos. El 31 de agosto, el día que volvimos a casa, los agentes de las SS, disfrazados de soldados polacos, llevaron a cabo varios operativos de bandera falsa para justificar la invasión a Polonia. Al día siguiente, 1 de septiembre de 1939, llegó la temida noticia. El ejército alemán se movía con rapidez a través de la frontera y la fuerza aérea alemana comenzó a bombardear Varsovia.

Częstochowa estaba justo sobre la frontera con Alemania. Por esto muchas personas en la ciudad esperaban encontrase en medio de intensos combates. Mi padre no quería que mi madre y yo corriéramos el riesgo de estar entre bombardeos y disparos. Decidió que lo mejor sería enviarnos a la casa de familiares que vivían lejos de la frontera. La ciudad se llamaba Skierniewice y se encontraba en las afueras de Varsovia.

Mi padre no perdió el tiempo. Nos hizo empacar nuestra ropa y otras pertenencias necesarias. Luego, llamó a un taxi. No pudo conseguir un tren para nosotras, y los otros medios de transporte en aquellos días, el caballo y la calesa, eran más lentos y arriesgados. Así que decidió pagar una enorme tarifa para que un taxi nos llevara hasta Skierniewice, que se encontraba a más de 150 kilómetros de distancia.

No sabíamos cuánto tiempo pasaríamos fuera de casa, así que empacamos más de lo que normalmente necesitábamos. Llenamos sacos no solo con ropa, sino también con sábanas y almohadas. Cuando llegó el taxi, se hizo evidente que no habría espacio suficiente para nosotras y todas las pertenencias. Por lo que mi padre ayudó al chófer a quitar el asiento trasero. Apilamos los sacos atrás, en donde había estado el asiento, y me subí encima. Mi madre se sentó en el frente con el chófer. Qué espectáculo debimos haber sido para quien nos viera pasar.

Las personas con quienes nos quedaríamos eran familiares por parte de mi madre. No recuerdo la relación exacta que tenían con nosotros. Este lugar cerca de Varsovia no era su ciudad natal. Mi madre y su familia eran de Silesia, una región del sur de Polonia situada en la frontera con la República Checa y Alemania. De hecho, esta región se extiende sobre estos tres países. La mayor parte estaba en Polonia. Ella era de Będzin, una de las tres ciudades que están muy próximas entre sí —Sosnowiec, Będzin y Dąbrowa. Y como en Częstochowa, también había una gran comunidad de judíos en esas ciudades antes de la guerra.

A nuestra llegada, nos recibieron de manera cálida y nos acogieron felizmente. Me emocionó ver que mi abuela y mi abuelo estaban allí. La familia también había acogido a mi tía y a cinco de mis primos, tres niñas y dos niños. Las tres niñas no estaban acompañadas por sus padres; su madre había muerto un año atrás y su padre se había quedado para proteger su hogar, tal y como lo había hecho mi padre. Los dos niños, Jurek y Nusiek, estaban allí con mi tía Saba. Mis tres primas eran Mila, Fela y Gucia, todas mucho más jóvenes que yo, y ayudé a cuidar de todos ellos.

Esa experiencia hizo que me pregunte cómo habría sido tener hermanos pequeños. Era hija única, pero estuve cerca de tener una hermana o un hermano. Mi madre había quedado embarazada a principios de ese año y sufriría un aborto involuntario en algún momento de la primavera. Me apené por ella, pero también por mí, ya que deseaba mucho un hermano. Pero mirando hacia atrás ahora, probablemente fue para mejor que no hayamos tenido un bebé al que cuidar durante el infierno que estaba por venir.

No pasaría mucho tiempo antes de que nos diéramos cuenta de que la decisión de dejar Częstochowa había sido un error. La protección que habíamos buscado contra el ataque alemán no la encontraríamos en Skierniewice. El día después de haber llegado, el miedo y el terror comenzaron. La ciudad era un importante nudo ferroviario de trenes que entraban y salían de Varsovia y que, por lo tanto, era un punto principal de bombardeo. Cuando comenzaron los ataques aéreos, podíamos oír el sonido de los aviones en el aire y en la distancia veíamos las explosiones. Al principio, estaban muy lejos, pero nos preocupaba que eso no durase. La casa en la que nos encontrábamos estaba cerca de la estación de tren. Mi familia vivía en el segundo nivel, mientras que una familia polaca vivía en el primero. Les preguntamos a los vecinos si podíamos esperar a que terminara el bombardeo con ellos. Estuvieron de acuerdo, entonces cogimos algunas de las pertenencias y nos apresuramos hacia abajo.

Nos acurrucamos todos en un cuarto del apartamento, mientras las bombas seguían cayendo cerca. Con diligencia y devoción, recitábamos nuestras plegarias. Los vecinos cristianos estaban en la habitación contigua haciendo lo mismo. Recitábamos *Shemá Israel* y ellos se persignaban.

De repente, una bomba cayó muy cerca de la casa, sacudió la estructura de manera violenta y las ventanas se hicieron añicos. También, nuestros nervios. El revoque de las paredes se derrumbó a nuestro alrededor. Nubes de polvo llenaron el aire. Al principio, creímos que los restos podrían ser gas tóxico. Mis familiares recordaban como el gas había sido utilizado en bombardeos durante la Primera Guerra Mundial. Nos gritaron que nos tapáramos la boca y la nariz. Hundimos los rostros en cualquier cosa que estuviera cerca para evitar inhalar esos gases —pañuelos, sábanas, almohadas—. Jadeaba a través de la manta que me cubría la boca en busca de aire. ¿Era el miedo o la falta de oxígeno lo que ahora me sofocaba? Decidí que no sucumbiría al pánico del momento e hice todo lo posible por mantener la calma.

Estaba terriblemente asustada, y no sé de dónde vino esa fuerza interior, pero me vi obligada a dar lo mejor de mí para consolar a los que estaban en la casa, en especial a mis primos pequeños que comenzaban a llorar. Les dije, con tranquilidad, que todo estaría bien y que sobreviviríamos. Incluso los demás adultos se asombraron de mi habilidad para pensar con optimismo y calma. Fue un buen trabajo actoral porque estaba aterrorizada.

Al final, nos dimos cuenta de que el polvo en el aire no era gas y volvimos a respirar con facilidad. El bombardeo continuó un tiempo más y luego cesó un poco. En ese punto, mi familia decidió que sería mejor regresar a Częstochowa. Sabíamos ahora que Varsovia era el centro del combate. Aun si existiese un combate mayor en Częstochowa, sentíamos que sería mejor permanecer juntos como familia. Nos dimos cuenta de que sería muy arriesgado continuar en movimiento en este momento, aun así, creímos que no podría ser peor que quedarse en medio de los intensos combates.

Mi madre y yo empacamos nuestras cosas, mientras mi abuelo fue a buscar algún medio de transporte. Pronto volvería para contarnos que había rentado una carreta tirada por caballos lo suficientemente amplia para llevarnos a todos. Al poco tiempo, llegó la carreta, y nos apiñamos en ella. Nos dirigimos, con lentitud, a la carretera principal que conducía al oeste, hacia Częstochowa. A medida que la carreta se posicionaba en el camino, se hizo evidente que no sería fácil salir de la ciudad. La carretera estaba congestionada de gente tratando de huir. Avanzábamos a paso de tortuga, pero al menos por ahora, nos movíamos.

Doblamos, y el embotellamiento se encontró con soldados polacos marchando en dirección opuesta. Nos vimos obligados a salir de la carretera para darles el paso. Escuchábamos el sonido de los aviones alemanes en el aire, mientras el bombardeo continuaba. Nos dimos cuenta de que la carreta no nos sería útil. Permanecer en ella nos haría blanco fácil de los ataques aéreos. De repente, un avión de combate apareció en el cielo justo delante de nosotros. Voló directo hacia las tropas polacas y luego descendió. El estallido de las balas de ametralladora hizo que los soldados se zambulleran en las zanjas. Nos escondimos debajo de la carreta y esperamos que el ametrallamiento aéreo cesara. Ahora teníamos por seguro que debíamos continuar el viaje a pie.

Nos dirigimos a un bosque cercano y continuamos hacia el oeste. Al final del día, llegamos a un *shtetl* llamado Biala. Decidimos quedarnos allí a pasar la noche y tratar de seguir nuestro viaje por la mañana. Al día siguiente, las tropas alemanas llegaron a la aldea. Estábamos muy asustados, pero sentíamos que estar aquí era mejor que encontrarnos con el ejército solos en la carretera. Al menos aquí estábamos con otros judíos y tal vez no seríamos señalados.

Las tropas llegaron a Biala sin oposición polaca. La única resistencia real de Polonia, en aquel momento, estaba teniendo lugar en Varsovia. Rápidamente, los alemanes tomaron control de Biala. Ordenaron a todos los judíos que acudieran al mercado. Recuerdo haber ido allí y haber visto a toda la gente reunida. En este *shtetl* habitaban únicamente judíos. Cientos de ellos esperaban instrucciones.

Por fortuna, no hubo intento de capturar ni matar a ninguno de nosotros, como los alemanes lo hacían en otras ciudades polacas cuando nos invadieron. En algunos *shtetls*, los judíos eran llevados a la fuerza a las plazas principales de las ciudades y fusilados en el acto. Solo unos días después de haber invadido el pueblo de Czestochowa, soldados de la *Wehrmacht* mataron alrededor de 150 judíos y a cientos de polacos. Este hecho pasó a ser conocido como «Lunes Sangriento» en la historia de la ciudad.

Por supuesto, no teníamos conocimiento del incidente, habiéndonos marchado antes de que los soldados alemanes llegaran. Así que, cuando estábamos de pie en la plaza de Biala, no teníamos idea de qué esperar. Mi memoria no es lo suficientemente buena para recordar lo que nos dijeron. Estoy bastante segura de que nos ordenaron quedarnos allí y no abandonar el *shtetl*. No fuimos arrestados ni forzados a entrar en un gueto en aquel momento. Sin embargo, los alemanes mantenían un control estricto y, debido a eso, mi familia no fue capaz de dejar Biala por muchas semanas.

EL PRINCIPIO DE LA GUERRA: ESCAPAR DE REGRESO A CASA
OCTUBRE 1939

Mientras estaba en Biala, las cosas siguieron empeorando. No hubo movimientos para matar a judíos allí, pero luchábamos para encontrar alimentos y cubrir otras necesidades. Me preocupaba mi padre. ¿Estaba bien? ¿Había sido capturado y enviado a un campo de trabajo? ¿Estaba aún con vida? Quería desesperadamente saber algo de él y volverlo a ver.

Seis semanas pasaron, y todavía nos encontrábamos bajo las órdenes de permanecer en aquel pueblo. Nos volvíamos cada vez más impacientes y ansiosos de lo que podría ocurrir si nos quedábamos allí. Estaba desesperada por volver a Częstochowa y la impaciencia crecía día a día. Comencé a presionar a mi madre para que nos marchásemos. Ella también estaba dispuesta, pero aun así sentía miedo del peligro. A pesar de todo, yo seguía molestándola, implorando por volver a casa y ver a mi padre.

Finalmente, mi madre aceptó que debíamos darnos la oportunidad de volver. Al mismo tiempo que las cosas empeoraban para los judíos en toda Polonia, para los polacos, la vida volvía lentamente a la normalidad. Viajar en tren era, una vez más, habitual y posible. Los trenes de carga circulaban incluso con más frecuencia. Para los judíos, comprar un billete para un tren de pasajeros era imposible.

Habíamos escuchado que la gente era capaz de subirse a los trenes de carga y, aunque arriesgado, a los alemanes les preocupaban otros asuntos como para vigilar esto completamente. Decidimos afrontar el riesgo y encontrar un tren de vuelta a nuestra ciudad.

Nos despedimos de mis abuelos, tías y primos. Ellos también estaban elaborando planes para regresar a sus hogares en Silesia. Fue una escena emotiva, ya que no sabíamos si nos volveríamos a ver. Temíamos por ellos y por nosotras. Con lágrimas en los ojos, comenzamos a caminar hacia la estación más cercana.

Biala no tenía una estación de tren, entonces tuvimos que caminar hacia otro pueblo cercano. Afortunadamente, ese día no había policía ni soldados a la vista. Aun así, nos aseguramos de permanecer lo más desapercibidas posible. Quería correr a la estación porque estaba muy deseosa de regresar a casa, pero tratamos de caminar sin dar ningún signo de nerviosismo o pánico.

Después de un rato, llegamos a la estación que no era grande, pero sí concurrida. No éramos las únicas personas tratando de irse. Con cuidado inspeccionamos el área y continuamos con el esfuerzo de camuflarnos. La mayoría de los trenes de pasajeros no se detenían allí, ya que aquel era un pueblo muy pequeño. Solo disminuían su marcha a medida que pasaban por el andén, donde nos encontrábamos, para volver a retomar velocidad una vez que habían pasado. Los trenes de carga tampoco estaban programados para detenerse allí, pero ocasionalmente llegarían a una parada del depósito de la estación mientras esperaban que los demás trenes despejaran las líneas.

No sé cómo mi madre determinó qué tren iba hacia la dirección correcta. Pero encontró uno con un vagón de correos que se dirigía hacia Częstochowa. Nos apresuramos por la escalera hacia dentro. Había algunos otros refugiados sentados en el suelo del vagón. Tal vez uno de ellos le había dicho a mi madre el destino del tren.

El viaje no fue largo, pero el tren se detenía a menudo. Antes que el día llegase a su fin, estábamos devuelta en Częstochowa. Cuando por fin llegamos, se me aceleró el corazón. Estaba llena de emoción porque pronto volvería a ver a mi padre. Estaba también llena de temor porque no sabía si él estaría allí. Durante casi dos meses, no habíamos oído nada de él. ¿Con qué nos encontraríamos?

Una vez fuera del tren, nos abrimos paso, con rapidez, a nuestro vecindario y apartamento. Al doblar la última esquina y comenzar a caminar por nuestra calle, mi ansiedad se volvió casi insoportable. Aceleré el ritmo y dejé a mi madre muchos metros atrás. Pronto estaba en la puerta principal. La golpeé un par de veces antes de abrirla de par en par. Di un brinco hacia adentro y llamé a gritos a mi padre. En un instante estaba frente a mí, nos abrazamos con fuerza. Las lágrimas corrían por mi rostro. Mi madre me alcanzó y se nos unió. Los dejé para que solos disfrutaran el abrazo.

Recuerdo la alegría y los abrazos compartidos al regreso de nuestras largas vacaciones de verano. Eran tan dulces y memorables. Recordarlo ahora es agridulce. Sería la última vez que los tres tendríamos un encuentro tan emotivo.

ATRAPADA SIN BRAZALETE
OCTUBRE 1939

Qué alivio estar de regreso en casa y reunidas con mi padre. Habíamos escapado del horror de los bombardeos alrededor de Varsovia y de la ansiedad de esperar por seis semanas el momento justo para marcharnos de Biala. Ahora la situación era totalmente distinta. Le habían quitado el negocio a mi padre. Los soldados alemanes requisaron habitaciones de nuestra casa para vivir y trabajar allí. Se mantenían alejados, y nosotros, más que felices de hacer lo mismo. Era muy tenso, pero al menos por ahora, no estábamos amenazados de muerte.

Mi padre se convirtió en un hombre diferente. Le habían robado su negocio, le quitaron su propio sustento y fuente de confianza. Ya no veía a aquel hombre fuerte y decidido que me crío. Tenía miedo y la ansiedad lo asolaba. Manifestaba sus preocupaciones acerca de nuestro destino. A menudo, sentía demasiado temor de salir de la casa. Mi madre y yo nos ocupábamos de los deberes esenciales que implicaban salir a la ciudad.

Había escasez de todo lo que necesitábamos, incluso alimentos y ropa. Encontrarlos requería de gran valentía, ingenio y esfuerzo. Tuve que volverme hábil. Hice todo lo posible para animar a mi padre tanto como fuera posible. No sé de dónde sacaba esa determinación, pero sentía que debía mantenerme positiva y optimista para ayudar a mitigar su ansiedad. Mirando atrás, esto probablemente me preparó para lo que vendría en los próximos años.

Inmediatamente después del comienzo de la guerra, a los niños judíos se les prohibía ir a la escuela. Me encantaba ir al colegio y me preocupaba el no asistir por un largo período. A pesar de la prohibición, uno de mis anteriores docentes organizó algunas clases para los niños judíos del área. Se enseñaba en secreto y corriendo un gran riesgo. Haber sido atrapados habría significado la reclusión en un campo de concentración, o peor, la muerte. De alguna forma, logramos hacerlo sin ser descubiertos.

Poco después de la llegada de los alemanes, fuimos obligados a llevar brazaletes que nos identificaban como judíos. Estos brazaletes tenían la Estrella de David cosida y eran, tal vez, la imagen más recordada del Holocausto, por lo que no requiere descripción. Al principio, los niños pequeños menores de diez años no necesitaban usarlos. Aunque tenía diez cuando comenzó la guerra, no lo usé por un tiempo. No recuerdo si no sabíamos la edad exacta para comenzarlo a usar o si mis padres pensaban que lucía lo suficientemente joven como para eludir su uso. Cualquiera haya sido la razón, esto me puso en una situación difícil.

Un sábado, salí de mi casa para ir a jugar con una amiga. Estaba emocionada por volver a verla y quité las preocupaciones de la guerra por un tiempo de mi mente. Me vestí muy bien e iba saltando con alegría y prisa hacia su casa. Al doblar la esquina, un miembro de la infame policía «Schupo» o *Schutzpolizei* me avistó. Esta rama de la policía estatal fue llevada desde Alemania para patrullar por toda Polonia. Aquellos que trabajaban para ella debían ser miembros del partido nazi y de las SS. Se puede imaginar entonces el miedo que sentí de haberlo encontrado. Me tomó del brazo y exigió saber por qué no usaba un brazalete. Le dije que era demasiado joven para usar uno. No me creyó y me ordenó que lo llevase a mi casa. No quedaba muy lejos, pero esos pocos minutos con él me paralizaron.

Cuando llegamos, mi madre abrió la puerta y casi se desmaya. El color de sus mejillas se desvaneció y su rostro se llenó de miedo. El policía le preguntó por qué yo no llevaba un brazalete. Sentía tanto miedo que no recuerdo ahora qué fue lo que ella le dijo. Por fortuna, él solo nos reprendió y me dejó ir. Otros que atrapaban sin brazalete debían enfrentar castigos severos y, a veces, eran llevados de inmediato a los campos de concentración.

Había escapado de una situación que podría haberme costado la vida o la de mis padres. Desde ese momento, nunca dejé la casa sin brazalete.

La estrella como táctica de identificación de judíos no era nueva en Europa. Había sido utilizada en otros momentos a lo largo de la historia europea. Pero los nazis perfeccionaron el sistema y lo utilizaron como el primer paso para degradarnos. Cuando cruzábamos a no judíos por las calles, a menudo nos evitaban y caminaban dejando un gran espacio entre ellos y nosotros. Nunca lo experimenté, pero a muchos judíos simplemente los empujaban del camino o incluso los arrojaban al suelo cuando pasaban cerca de polacos o alemanes.

Durante el año y medio siguiente, la vida permaneció relativamente estable y nuestra situación no cambió demasiado. Vivir era cada vez más difícil, y teníamos un miedo constante, pero no podíamos imaginarnos el mal que estaba por venir. Era difícil obtener información sobre lo que estaba sucediendo en la guerra. Así que intentamos creer que la situación no empeoraría. Esperábamos que la guerra de alguna manera llegara pronto a su fin. Según recuerdo, la vida para nosotros era todavía tolerable considerando las circunstancias. Pero en la primavera de 1941, esto comenzaría a cambiar con rapidez.

EN EL GUETO
ABRIL 1941

En los dos primeros años de la guerra, nos permitieron permanecer en nuestros hogares. Aunque los compartíamos con oficiales alemanes y otros oficiales durante aquel tiempo, nos daba un sentido de bienestar y normalidad estar un lugar familiar. Era el único lugar donde había vivido. Una bonita casa. Formaba parte de un bloque de viviendas en el centro de la ciudad y era relativamente grande para los estándares europeos de la mitad del siglo XX. Cómoda, con una gran estufa que la calentaba.

Durante mucho tiempo, los alemanes planearon deshacerse de todos los judíos. Sabíamos ya que la situación era muy mala para nosotros en toda Polonia. No conocíamos todavía acerca de «la solución final», pero habíamos escuchado muchas historias horribles sobre asesinatos. Conocíamos el gueto de Varsovia y estábamos enterados que los judíos eran obligados a entrar en guetos en otras ciudades de Polonia.

En abril de 1941, sería nuestro turno de ser desalojados. Cuando el gueto de Częstochowa se creó, fuimos desplazados de inmediato. La parte de la ciudad que los alemanes eligieron para establecer el gueto era la zona más pobre y menos deseada. Nos asignaron un apartamento pequeño. A menudo me preguntaba quiénes habían vivido allí. ¿Qué les pasó o a dónde fueron? ¿Fue su destino peor que el nuestro o les habían permitido irse a vivir a un mejor lugar para hacernos espacio? Al ser ellos los polacos más pobres de la ciudad, no creo que fuera esto último. Quizás los habían llevado a trabajar a una fábrica cercana. O quizás el apartamento había sido habitado por judíos que ya habían sufrido el destino que muchos otros sufrirían.

A la nueva casa a penas se la podía llamar hogar; estaba deteriorada y sucia. Y no se nos permitía traer demasiado de la nuestra. Por lo que ahora vivíamos una vida aún más escasa. Pero, por otro lado, todavía no temíamos por nuestras vidas. La amenaza siempre estuvo allí, por supuesto. Sin embargo, siempre y cuando obedeciéramos las reglas estrictas y no las desafiáramos, teníamos esperanza de que escaparíamos de la muerte.

Mientras tanto, las condiciones en este gueto y en los demás en toda Polonia empeoraban con rapidez. La gente era obligada a vivir hacinada. Con frecuencia, más de una familia ocupaba la misma casa o apartamento. El número promedio de gente viviendo en una habitación en un gueto polaco parece haber sido de siete. Debido a esto, era difícil mantener las cosas limpias e higiénicas.

La concentración de personas y la falta de higiene facilitaban el desarrollo y la propagación de enfermedades. Millones de judíos polacos murieron de tifus y tuberculosis y otras enfermedades contagiosas a causa del confinamiento. Sin embargo, los guetos no fueron inventados por los nazis. El uso de la palabra «gueto» para estos confinamientos tiene su origen en Venecia en 1516, cuando las autoridades de la ciudad obligaron a los judíos a vivir en una zona amurallada. Aquella zona era la antigua ubicación de una fundición de metales. La palabra italiana para fundición es *ghetto*. Los guetos venecianos no fueron establecidos para erradicar a los judíos, sino más bien para apartarlos de los cristianos de la ciudad. A los judíos en Venecia se les permitía salir durante el día para llevar a cabo negocios, pero debían volver por la noche, cuando las puertas de los puentes que conducían hacia esta zona se cerraban.

Los alemanes, como lo hicieron con tantas otras cosas, llevaron la idea a un nivel nuevo y aterrador.

Al principio, los guetos de Częstochowa no estaban cerrados; no tenían muros o alambre de púas para separar a los judíos del lado polaco. Los polacos podían ir y venir a su antojo, pero a los judíos no se les permitía marcharse. Con el tiempo, esto cambiaría. Se levantaron cercos y los polacos tenían prohibida la entrada; lo cual creaba una dificultad adicional para nosotros. Cuando a los polacos se les permitía la entrada, podíamos hacer transacciones para cubrir necesidades en el mercado negro que había surgido. Una vez que fue prohibido, se volvió más difícil conseguir alimentos y otras cosas que necesitábamos. Nada podía entrar ni salir.

Los alemanes nos proporcionaban muy poca comida y nos solucionaban pocas necesidades. Lentamente, ajustaban el agarre e iban estrangulándonos metafóricamente, pero estaban a punto de acelerar el proceso de eliminarnos de Europa. El plan preciso para matarnos está bien documentado. Lo harían de la manera más eficiente, lenta y metódica. Poco a poco nos fueron quitando cada vez más y nos obligaron a vivir en condiciones más y más difíciles. Como un sádico apretando los tornillos de un artefacto de tortura, disfrutaban del largo proceso de vernos deshumanizados. Era una táctica emocional y mental diseñada para quebrarnos. Quizás de haber sabido lo que se avecinaba, no habríamos sido capaz de soportar la angustia psicológica. Algunas personas presintieron que algo mucho peor estaba por venir. Muchos se suicidaron antes de esperarlo. A veces, familias enteras se envenenaban. ¿Era ese un mejor destino que dejar que los nazis satisficieran sus placeres sádicos?

Hicimos todo lo posible para resistir la tortura psicológica. Pero, aun así, teníamos miedo de que algo peor se avecinara. Nos llegaron rumores de cosas terribles que estaban sucediendo en otros lugares; nos enteramos de los campos de concentración y de que ocurrían redadas en toda Polonia para reunir a los judíos que trabajarían allí. Y al final, oímos que el propósito de algunos de estos campos era el exterminio. Allí la gente trabajaba hasta morir o morían gaseados.

Ahora el plan sería llevado a cabo en Częstochowa. La redada masiva y el traslado de personas comenzó en el verano de 1942. Los hombres jóvenes fueron los primeros en ser objeto de este esfuerzo sistemático. Algunas veces, los capturaban al azar en las calles. Otras veces, tenían listas con nombres e iban a sus casas a arrestarlos. O, para nuestra vergüenza, los oficiales judíos de la *Judenrat* eran obligados a capturarlos. En este punto, les decían que solo irían a trabajar a los campos. Pero nosotros sabíamos la verdad.

Primero, nos quitaron nuestros negocios, trabajos y escuelas. Luego, nos sacaron de nuestras casas y nos llevaron a los guetos. Después, nos despojaron de posesiones materiales. Y ahora venían por nosotros.

El gueto se formó en abril de 1941, y en poco más de un año, vinieron a matarnos. El 22 de septiembre de 1942, comenzó la mayor *Aktion* que se dio en la ciudad. Fue un día después de *Yom Kippur*. Los nazis, con frecuencia, planeaban las operaciones contra los judíos en o cerca de nuestros días sagrados. Se deleitaban buscando formas de aumentar su crueldad. Su premeditación perversa y el uso de estas tácticas son todavía incomprensibles para mí. Esta *Aktion* marcaría el comienzo de la liquidación total de la ciudad. Como en casi todas las ciudades de Polonia, los judíos habían sido obligados a vivir en los guetos. Una vez establecidos, más de 40.000 fueron confinados a un área pequeña en la parte más pobre de la ciudad. En su punto máximo, estaría repleto de más de 48.000 habitantes enfermos y famélicos apretados en habitaciones diminutas y sucias.

Temprano en la mañana de aquel día de septiembre, escuchamos conmoción en las calles. Los oficiales alemanes y policías polacos aporreaban puertas y exigían que todo el mundo saliera y vaya a la estación de tren. Por supuesto, estábamos aterrorizados porque sabíamos hacia donde se dirigían los trenes con los judíos —a los campos de exterminio.

Mis padres discutían con nerviosismo qué hacer. Rápidamente armaron un plan. Mi padre tenía papeles que probaban que trabajó para ayudar al esfuerzo de guerra alemán. Había estado trabajando en una fábrica del lugar y había trabajado también en una granja local, pero mi madre no poseía tales papeles. Él tenía la esperanza de que quizás, una vez llegados a la estación y habiendo mostrado los papeles, nos dejarían volver a casa en lugar de subirnos al tren. Mi madre se escondería en el ático del apartamento y nosotros dos nos iríamos como nos habían ordenado.

Me despedí de ella, sin darme cuenta de que esa sería la última vez que la vería. Pienso a menudo qué le habría dicho, si lo hubiera sabido. El dolor todavía me empaña los ojos de lágrimas cuando pienso en ese momento. Esto refuerza la sabiduría de valorar cada momento con tus seres queridos. Todo pasó tan rápido que no puedo recordar mis sentimientos ni lo que le dije.

Mi padre y yo dejamos el apartamento y nos dirigimos hacia la estación. Al doblar la esquina hacia una de las calles principales, vimos una multitud de gente moviéndose en la misma dirección. Los soldados y los policías gritaban y los empujaban hacia delante a punta de pistola. La situación se estaba volviendo caótica. Los ancianos que apenas podían caminar, los enfermos y los cojos, los niños pequeños y los bebés en brazos de su madre eran empujados sin piedad.

Al acercarnos a la estación, pudimos ver vagones y gente siendo obligada a subir. No había evidencia alguna de que a alguien se le haya permitido volver a su casa en el gueto. Mi padre se dio cuenta de que los papeles que llevábamos no servirían para nada. Para ese momento, tomó mi brazo y me jaló con él silenciosa y rápidamente hacia un callejón. Ahora que nadie podía vernos, corrimos y doblamos hacia otra calle. Justo al final había un almacén de madera. Corrimos a toda velocidad hacia dentro y encontramos una pila de madera para agacharnos detrás. Afuera, se desataba un pandemonio. Gritos y alaridos y súplicas de piedad resonaban por la ciudad. Los disparos empezaron a rebotar por las calles. El ladrido de perros adiestrados se mezclaba con el llanto de los niños. Mi padre me pidió que me tumbara y que permanezca lo más callada posible. Era temprano, pero el día ya se volvía caluroso. El olor de la madera llenaba mi nariz, y los latidos de mi corazón bloqueaban algunos de los terribles sonidos de afuera. ¿Qué nos esperaba ahora?

¡AKTION! LA MUERTE LLEGA A CZĘSTOCHOWA
SEPTIEMBRE 1942

Un flujo de resina pegajosa de color marrón dorado colgaba protuberante de la pila de maderos justo encima de mi nariz. Lo miraba imaginando que era miel, pero hacerlo solo intensificaba el dolor de la sed y el hambre en mi garganta y estómago. Por horas, no percibí que se moviera, aunque la gravedad claramente lo tiraba hacia abajo. Tenía la nariz colmada del olor intenso y familiar de la madera recién cortada. Conocía también el sabor de la resina y, a pesar de que se viera dulce, sabía que no era agradable. Al mirarla, el recuerdo de la miel dorada escurriéndose de una rebanada de pan recién orneado me inundó la mente y me mareó.

Mi padre y yo habíamos estado escondidos en el almacén todo el día. Nos habíamos escabullido para escaparnos del ataque violento de la redada nazi. Una vez dentro, a gatas, nos metimos debajo de una pila de maderos para eludirlos. Mientras estábamos tendidos inmóviles en suelo, sonaban disparos desde el cercano gueto judío de Częstochowa, Polonia. Los nazis habían llegado para matar a todos los judíos en la cruelmente llamada «liquidación». Ese espantoso día de septiembre de 1942 me enviaría a un largo e intenso viaje en el que lucharía por mi vida.

Częstochowa, mi pueblo natal, era más grande que un *shtetl* e incluso que un pueblo. De hecho, era una ciudad y muy conocida como sagrada por los católicos. En el monasterio de Jasna Góra de la ciudad, se encuentra el mundialmente famoso cuadro de la Virgen Negra. Según la tradición, fue llevada a Częstochowa en 1384 por el duque de Opole, una ciudad al sur de Polonia. Millones de católicos peregrinan para ver la pintura cada año. El papa Juan Pablo II reveló que había visitado el cuadro en secreto, corriendo un gran riesgo, durante la Segunda Guerra Mundial mientras los nazis controlaban la región. A pesar del lugar que ocupa en la fe católica, había una comunidad bastante grande de judíos en Częstochowa antes de la guerra. Esto estaba por cambiar drásticamente, pues había comenzado la operación Reinhard, el plan nazi para eliminar a todos los judíos en Polonia.

El aroma de la madera y de la resina rezumada era muy familiar para mí. Mi padre era dueño de un almacén de madera en Częstochowa. Cuando los alemanes invadieron Polonia en 1939, no les tomó mucho tiempo apoderarse del almacén y obligar a mi padre a hospedar en la casa a soldados y oficiales alemanes que venían a gobernar la zona. Ahora, irónicamente, él y yo nos escondíamos entre la madera para escaparnos de los asesinos. No era su almacén, era otro en una parte diferente de la ciudad. Pero me resultaba familiar de todos modos.

Una vez que la liquidación terminó, una gran mayoría de toda aquella gente había sido enviada a los campos de exterminio, la mayor parte a Treblinka. Aquí en este oscuro día, esperé debajo de las pilas de madera preguntándome cuál sería mi destino.

Mi padre y yo fuimos afortunados de no haber sido descubiertos. El caos que ocurría afuera en las calles era estridente e infernal. Con cada disparo, me retumbaba el cuerpo y se me crispaba. El sonido era atemorizante, y los gritos y alaridos de nuestros hermanos judíos eran horribles. Pero hubo un sonido aún más aterrador en ese momento. Cerca y en la distancia, docenas de perros ladraban frenéticamente al olfatear a la gente que se escondía y huía de los nazis. ¿Qué oportunidad tendríamos si se nos acercaban?

Conforme pasaban las horas, el ruido del terror arreciaba y amainaba como los vientos de una tempestad violenta.

Mi padre era un gran trabajador y había construido su negocio desde cero con mucho sacrificio. Nos había dado, a mi madre y a mí, una vida maravillosa y cómoda en un mundo que todavía tambaleaba desde la Gran Depresión. Para nada éramos ricos, sin embargo, teníamos todo lo que necesitábamos y más. A pesar de no ser amplia, nuestra casa era cómoda y suficientemente grande para nosotros tres. Era un apartamento modesto, pero bonito, en un bloque de viviendas cerca del centro de la ciudad. Cada verano, nos tomábamos unas largas vacaciones en varios complejos de las Montañas del Cáucaso en el sur de Polonia. Muy a menudo, solo mi madre y mis tías irían porque mi padre debía quedarse a ocuparse del negocio.

Quizás se desilusionaría con esto, pero aquellos viajes de verano eran el momento del año más esperado para mí. Tal vez él hubiera preferido que dijera que las festividades judías eran mi momento favorito. Aunque no era ortodoxo, era un hombre muy religioso y conservaba las tradiciones de nuestra fe con diligencia. Cerraba su almacén cada *Sabbat* durante los días sagrados. Las tardes de los *Sabbat* siempre eran un momento placentero. Al comienzo, encendíamos velas y ofrendábamos oraciones. Teníamos una casa *kósher*.

No usaba barba ni tenía mechones sin afeitar. Sin embargo, mis abuelos eran ambos jasídicos y mantenían esa tradición. Las reglas de su casa eran mucho más tradicionales y nosotros las respetábamos cuando los visitábamos. Mi padre eligió ser más moderno en su estilo de vida e integrarse un poco más a la sociedad polaca.

Tendida en el suelo bajo la madera, trataba de pensar en los momentos felices que pasamos con mis abuelos para evitar entrar en pánico absoluto. Me esforcé por mantener estable el ritmo de la respiración y por estar lo más silenciosa posible. Se volvía cada vez más difícil a medida que continuaba la conmoción en las calles.

Finalmente, el sol de la tarde fue bajando, dándole paso al anochecer, y con eso, poco a poco, el pandemonio se fue apagando. Los disparos se detuvieron, excepto por una ráfaga ocasional a lo lejos. Se habían llevado a los perros y el silencio me dio una gran sensación de alivio.

Esperamos con paciencia hasta que finalmente cayó la noche. Debajo de los tablones, apenas podía ver algo. Una luz cercana que venía de la calle alumbraba lo suficiente como para revelar el camino hacia fuera del almacén. Mi padre me llamó con un gesto para que lo siga, y los dos salimos silenciosos y con cautela desde nuestro escondite. Nos movimos despacio hasta la entrada y luego hacia la calle ya oscurecida.

Mi padre conocía muy bien las calles y tomó una ruta que zigzagueaba entre los edificios e iba a lo largo de ellos en lugar de ir directamente calle abajo. Nos movíamos con cuidado de edificio en edificio hasta que llegamos muy cerca de nuestra casa. Solo nos quedaba cruzar un par de metros para llegar.

Mientras nos movíamos a través de los terrenos, divisó una canilla de agua que sobresalía de atrás de una casa. Ambos estábamos sedientos y extremadamente deshidratados. Él había traído una botella de té cuando dejamos la casa por la mañana. Ahora estaba vacía. Revisó la canilla y comenzó a llenar la botella.

De repente, un policía polaco se quedó mirando a mi padre a la cara. ¿De dónde había salido tan rápido? Tuvo que haber sido el sonido del agua empezando a correr lo que lo alertó. Salté de terror y todo mi cuerpo se tensó. Comencé a entrar en pánico, pero logré calmarme un momento. El policía exigió saber qué hacíamos allí y por qué estábamos afuera durante el toque de queda. Su arma apuntaba directamente a mi padre mientras lo interrogaba.

Esa mañana, cuando salimos de la casa, tomó algo de dinero del bolsillo, me lo dio y me pidió que lo escondiese en mi zapato. Ahora, le rogaba al policía que no nos llevara y le ofreció el dinero. Se giró y me dijo que lo tomara y se lo diera al hombre. Me estiré para alcanzar el zapato, mientras mi padre se quitaba el reloj de la muñeca. «Aquí tiene, tome también el reloj», le dijo al policía.

El oficial no se dejaría sobornar, o por lo menos no tan fácil. «Espere aquí», le ordenó, se giró y volvió hacia la calle. No entendí por qué se marchó. ¿Nos ayudaría o solo se estaba asegurando de que ningún otro policía lo viera tomando el soborno?

De cualquier forma, ahora que nadie nos veía, sentí la urgencia incontenible de correr. Volteé y corrí a toda velocidad y no me detuve hasta llegar al patio a poca distancia de nuestro edificio. No me atreví a entrar porque no sabía quién estaría esperándome allí. Entonces, me escondí entre algunos arbustos al borde del terreno y esperé.

En mi desesperación por escapar, no le dije ni una palabra a mi padre. No le pregunté si debía correr. Aún ahora, al recordar el incidente, no puedo comprender por qué me di a la fuga. ¿Qué estaba pensando, una niña de 12 años, abandonar a mi padre en tal peligrosa situación? Fue solo instinto, quizás por la desesperación, pánico y miedo. Sé que estaba sintiendo todo eso y ahora, mirando hacia atrás, noto que correr es una reacción natural a esos sentimientos. Comencé a temer por la seguridad de mi padre y esperé en la oscuridad con la esperanza de que pronto volviera.

A medida que pasaban los momentos largos de ansiedad y aumentaba el ruido de más policías que venían en nuestra búsqueda, comencé a caer en la cuenta de que no lo volvería a ver en seguida. Hice todo lo que pude para contener los sollozos y las lágrimas mientras estaba tendida inmóvil en el aire frío del otoño de esa noche de septiembre.

¡DESPOJADOS!
SEPTIEMBRE 1942

Mientras yacía inmóvil bajo los arbustos, traté de ver entre las ramas y la oscuridad algún signo de vida en mi casa. Solo estaba a unos metros de distancia, pero luego de lo que habíamos atestiguado en la ciudad aquel día, temía ir adentro sin indagar más profundamente. Me preguntaba si mi padre había sido capaz de escapar del oficial. Comencé a sentirme culpable de haberlo abandonado.

La noche se enfriaba con rapidez, y yo temblaba. Quizás más por miedo que por frío porque el clima todavía era relativamente cálido para finales de septiembre. El sonido de la búsqueda de los policías fue apagándose y desapareció. Solo para estar segura, esperé un poco más.

Mi mente rondaba momentos de los primeros años de mi niñez. Recordaba la alegría de ir a la escuela y la emoción de aprender cosas nuevas. Me encantaba leer Historia. Asistía a un colegio tradicional judío y, desde luego, aprendíamos sobre los padres de nuestra fe. Las historias eran dramáticas y poderosas y habían sobrevivido al paso del tiempo. Leíamos sobre cómo Abraham había estado dispuesto a ofrecer a su hijo Isaac en sacrificio y fue librado en el último momento por Dios de esta prueba de obediencia. Cómo Moisés había abandonado su posición privilegiada en el poderoso reino de Egipto para defender a uno de sus hermanos judíos de ser golpeado hasta la muerte. Fue obligado a escapar de Egipto y a vivir en el exilio para, con el tiempo, volver a guiar a su pueblo fuera de la esclavitud y hacia la tierra prometida. Cómo los babilonios habían tomado Jerusalén y llevado a los judíos de regreso a su ciudad capital y los habían hecho esclavos una vez más. Y todo acerca del milagro de la lámpara de aceite cuando el rey seléucida, Antíoco Epífanes, trató de erradicar la fe judía en el siglo II, a.e.c.

¿Por qué los judíos fueron tan odiados y señalados a través de la historia? ¿Cómo podía estar pasando de nuevo?

También estudiábamos historia occidental en la escuela. Sabía que, durante los últimos 2000 años, muchos tiranos habían intentado conquistar y gobernar Europa. Desde los césares romanos hasta Carlo Magno, pasando por Napoleón hasta el káiser Guillermo de Alemania, la guerra se desataba en el continente a medida que estos dictadores trataban de eliminar las fronteras nacionales y tribales, y creaban una única cultura europea. Lo que ocurría ahora era enormemente distinto. Este nuevo tirano, Adolf Hitler, realmente era un loco de atar. El hecho de que los alemanes hayan asentido y permitido que vuelva al poder nos dejaba a todos desconcertados. Una vez más, los judíos eran enteramente el blanco de la ira de un hombre malvado.

En mi mente merodeaba entre los recuerdos de las clases y los buenos momentos que pasé con mis amigas del vecindario. No teníamos televisión ni video juegos. Pasábamos el tiempo afuera en las calles, los parques y campos. Jugábamos al pillapilla, la rayuela y saltábamos la cuerda. En el campo jugábamos al fútbol y nos perseguíamos en juegos de escondite. Ahora, todo eso había terminado. Estar fuera durante todo el último año representaba un riesgo de captura o muerte. Y ahora, pensando en los momentos que pasé fuera, después del toque de queda y en una zona que recién había sido despejada de judíos, mi corazón comenzó de nuevo a acelerarse por el miedo.

¿Cuánto tiempo había estado tendida debajo del arbusto? Había estado tranquilo por un largo tiempo, o eso parecía. Sabía que no podía quedarme allí toda la noche y menos cuando el sol comenzara a salir. Había perdido la noción del tiempo. ¿Quizás el sol saldría pronto? De repente, sentí la urgencia de continuar.

La casa había estado oscura y en completo silencio durante todo este tiempo. Me escondí en el jardín. Decidí aproximarme con lentitud y cuidado. Una vez que salí del arbusto, me acerqué a la casa y caminé a su alrededor hasta la puerta principal, todo el tiempo alerta ante cualquier sonido o movimiento. De repente, el viento batió los árboles con suavidad, pero fue suficiente para sobresaltarme y detenerme. Miré a mi alrededor y vi que no había nadie. La calle estaba vacía. Me apresuré hacia la puerta que estaba abierta y me escondí dentro. Al tiempo que caminaba hacia la habitación principal, mis ojos se ajustaron a la oscuridad de la noche.

Allí, me espanté al encontrar que la casa había sido saqueada. Muebles volcados, lámparas y otros artículos domésticos regados por el suelo. En la cocina, cacerolas y sartenes desparramados, platos destrozados y rotos, y las puertas de la alacena estaban abiertas. Seguí avanzando un poco más hacia el dormitorio. De repente, me detuve, quieta en donde estaba, paralizada. Me sobrevino un pensamiento horrible que impidió que siguiera moviéndome. Solo podía imaginar que lo siguiente que encontraría sería a mi madre tirada en el suelo sin vida.

Me enderecé del pánico y di un paso hacia atrás. Luego, giré y salí corriendo hacia la calle, determinada a irme de la casa lo más lejos posible.

A LAS AFUERAS DEL GUETO
SEPTIEMBRE 1942

Cuando salí de la casa saqueada y me dirigí de regreso a las calles oscuras y silenciosas, no tenía ni idea de qué hacer. Había pasado mucho tiempo desde que empezó el toque de queda y sabía que no me tendrían piedad si me veían.

Hice lo posible para quedarme en las sombras, lejos de la luz. Una vez más me aferré a la decisión de mantenerme tranquila y pensar con claridad. ¿De dónde surgía esa determinación? Había sido una mimada hija única. Una pequeña niña que había crecido protegida, en todos los sentidos, de la hostilidad del mundo. Sin duda alguna, lo que había atestiguado y experimentado durante los dos últimos años, desde que los nazis trajeron el terror, me había endurecido. Todavía me pregunto cómo una jovencita de 12 años pudo reunir tanto valor para continuar.

El miedo se apoderó de mi mente, pero también la urgencia de encontrar seguridad. ¿Dónde podría ir a esconderme y esperar que la luz del día ponga fin al toque de queda y me permita encontrar a mi padre? ¿Había acabado el terror del día anterior? No me sentía optimista. Decidí que sería mejor volver a los arbustos del jardín y esperar allí hasta la mañana.

Me agaché, volví a las ramas espinosas del arbusto y me tendí allí. El corazón me latía tan fuerte que se me hacía difícil pensar. Busqué profundo en la memoria el recuerdo del plano de la ciudad. Nuestra casa se encontraba justo al borde del gueto judío. De un lado, estaba el ferrocarril que dividía el área entre el gueto y el vecindario polaco. Una cerca separaba nuestra propiedad de las vías. Del otro lado, había una verja que se abría hacia la línea del ferrocarril. Quizás si pudiera entrar del lado polaco de la ciudad, podría disimular o esconderme hasta que pudiera encontrar a mi padre.

De repente, recordé que no muy lejos de nuestra casa, en el lado polaco, había un almacén de alimentos, propiedad de una señora polaca muy agradable. Mi madre solía comprarle comida y ella siempre era muy amistosa y nos trataba muy amablemente. Ahora tenía un plan. Pero debía esperar hasta la mañana, ya que cualquier intento durante el toque de queda significaría el fin para mí. Me relajé un poco y respiré profundo. Me tendí debajo de las hojas del arbusto y recé. Traté de dormir, pero, aunque me sentía más tranquila y estaba exhausta, no lograría conciliar el sueño.

Las horas pasaban con lentitud y, finalmente, la luz del amanecer llenó el cielo. Esperé con paciencia hasta que escuché que la ciudad volvía a la vida y el movimiento de la gente comenzó a incrementarse. Ahora el día estaba claro, entonces, con cuidado, salí de los arbustos y me dirigí hacía la verja.

Al dar los primeros pasos, casi se me dobla la pierna derecha. Miré hacia abajo y vi que solo tenía un zapato. Increíblemente, había pasado la noche sin recordar que me había quitado el derecho para sacar el dinero que mi padre le daría al policía. Fue precisamente en ese momento que salí corriendo como un rayo hacia mi casa, dejando el zapato con mi padre. Era muy difícil caminar con uno solo, entonces me quité el izquierdo y continué mi camino descalza hacia la cerca.

Una vez en la verja, miré con atención al otro lado. Un poco más allá de las vías de tren, había un terraplén que se elevaba hacia el vecindario polaco. Como se encontraba en la frontera con el gueto, había policías desplegados para vigilar que los judíos no trataran de escaparse. Esperé y observé atentamente para ver si alguno estaba cerca. En un momento, apareció un policía y caminó lentamente por el borde, echándole un vistazo al gueto y a las vías. Se detuvo y giró hacia la verja donde estaba yo agachada. ¿Me había visto? Me agaché todavía más y me alejé de la abertura por la cual espiaba. Esperé unos minutos y traté de no hacer ruido.

Cuando finalmente me atreví a volver a mirar, se había ido. Aliviada, me levanté lentamente y revisé la verja. Estaba trabada y no la podía abrir. Debía treparla para poder pasar. ¿Tendría el tiempo suficiente antes de que el policía regresara? No lo sabía, pero no podía seguir escondida en el jardín. Sin pensarlo dos veces, trepé por la verja y pasé al otro lado. ¿Cómo lo había hecho? Era una niña muy pequeña y la verja parecía tan alta. Sin embargo, de alguna manera, ahora me encontraba del lado polaco. Sin perder el tiempo, trepé por el terraplén y comencé a caminar hacia el almacén de nuestra amiga.

¿Estaría allí? ¿Podría llegar hasta el almacén sin ser atrapada? ¿Me ayudaría o estaría demasiado asustada? Tantas preguntas y una sola forma de responderlas —continuar y hacer lo posible para no ser vista y pasar desapercibida.

Las calles volvían a la vida y había algunas personas circulando. Estaba ahora muy cerca de la tienda. Una vez más, me armé de valor y traté de permanecer tranquila. Mi corazón latía tan fuerte que creí que se me saldría del pecho. Quería correr lo más rápido posible, pero mantuve la calma para continuar a un ritmo normal. No quería llamar la atención de quienes pasaban. Doblé la esquina hacia la calle que conducía al almacén. Solo unos pasos más para determinar si mi esperanza de recibir ayuda de esta mujer, que había sido tan amistosa y servicial, estaba justificada.

Me venían a la memoria recuerdos de cuando visitábamos el almacén con mi madre, mientras trataba de reunir valor para acercarme allí. Durante los momentos difíciles en el gueto, la mujer nos había ayudado muchas veces. Cuando no podíamos pagar la comida, ella nos daba algo de todos modos. Mi madre hacía lo posible para pagar lo que podía, pero a veces no teníamos nada. Incluso cuando pagaba los alimentos, la señora Sporna, a menudo, le daría un poco más de azúcar, pan o patatas. Estábamos tan agradecidos por su amabilidad, sobre todo porque se puso en peligro para ayudarnos.

Luego de que los alemanes empezaran a confiscar los objetos de valor de los judíos, se volvió aún más difícil encontrar maneras para comprar lo que necesitábamos. Exigían que les diéramos joyas, oro y plata para ayudar al esfuerzo de guerra. Cuando dieron la orden de que todos los judíos debían entregar sus abrigos de piel, mi madre decidió que ella le daría el abrigo directamente a esta amiga. Prefería que lo tuviera ella en lugar de los alemanes. Mi padre también tenía un abrigo de piel, y mi madre también se lo dio a ella. Ambos eran tapados muy costosos.

Mientras pienso en los abrigos, me pregunto si todavía los conservará. Luego de haber pasado una noche fría a la intemperie, me imaginaba la sensación de tener uno para abrigarme. Me preguntaba si podría compadecerse de mí lo suficiente como para devolverme uno. Ahora mismo, solo necesitaba que me encubran y quizás un poco de comida. No esperaba nada más de ella. Esperaba que, por lo menos, no me entregase a la policía. Por más amable que haya sido con nosotros, no estaba segura. En lugar de recibir la ayuda que necesitaba, este podría ser el fin para mí.

LA SEÑORA SPORNA
SEPTIEMBRE 1942

Conocía muy bien el camino hacia el almacén polaco. Aún era temprano y todavía no había mucha gente en la calle. Comencé a tener mucho miedo de ser observada. No llevaba zapatos, mi ropa estaba harapienta. Alguien con seguridad se daría cuenta de que no pertenecía al lado polaco. Y, por supuesto, lucía muy judía. Mi pelo negro. Mis ojos oscuros. Mis rasgos eran obviamente semíticos. Había vivido junto a los polacos por un largo tiempo y ellos podían darse cuenta, por todas estas características, si una persona era judía.

Sabía que debía hacer algo para evadir cualquier sospecha y ocultar el nerviosismo que crecía dentro de mí. Casi sin pensar, comencé a brincar como si estuviera yendo al parque a jugar con mis amigos. Traté de silbar, pensando que esto también daría la impresión de que era una niña polaca normal y feliz disfrutando el nuevo día. Pero no me salía el sonido de los labios. Tenía la boca seca y los labios agrietados por pasar la noche a la intemperie. Mi corazón latía con fuerza al pensar sobre el menudo espectáculo que estaba dando. Estaba segura de estar fallando en este intento de engaño.

De repente, mis miedos fueron confirmados; escuché pasos detrás de mí. Me estaba siguiendo un polaco. Giré la cabeza hacia un lado para intentar verlo con el rabillo del ojo, cuidadosamente, tratando de no girarme por completo. Me invadió el pánico, sin embargo, de alguna manera, conseguí ocultarlo. No me atrevía a mirar hacia atrás por mucho tiempo y rápidamente volví a poner la vista hacia el frente, continuando con los saltitos hasta la casa de la mujer polaca.

No sirvió para nada. El hombre me reconoció. Despacio, me llamó «¡*Żydóweczko!*», que en polaco significaba pequeña niña judía. Cuando escuché esa palabra, fue como si me hubiera dado una corriente eléctrica. Pensé que en cualquier momento me tomaría del cabello y me arrastraría hasta la policía. Había visto cómo le hacían esto a otras mujeres y niñas judías. Ahora era mi turno.

De nuevo me dijo, «¡Pequeña niña judía!», esta vez mucho más bajo. Casi susurrando continuó, «¡Mejor que corras, porque te atraparán!». Lo miré de nuevo, pero esta vez directamente a la cara. Levantó la mano e hizo una seña hacia adelante, como si estuviera echándome.

Él sabía exactamente quién era o, mejor dicho, qué era. Me inundó un gran sentimiento de alivio. Ese hombre no me denunciaría ni me entregaría a las autoridades. Me estaba advirtiendo, con sinceridad, e instándome a encontrar rápido un lugar para esconderme. Dejé de saltar y comencé a correr a toda velocidad. Estaba solo a unos metros del almacén. Me apresuré hacia la puerta y la golpeé muchas veces. Si hubiera tocado la puerta a la velocidad de los latidos de mi corazón, la habría tirado abajo.

En unos pocos minutos, nuestra amiga estaba de pie en la entrada. Su rostro se empalideció, y se dio un manotazo en el pecho. Se quedó boquiabierta. No podía creer que yo estaba allí. Se recuperó rápidamente, me tomó del brazo y me jaló hacia dentro. Con la misma rapidez, de un golpe cerró la puerta y la trabó con llave. «¡Mi querida Halina! ¿De dónde has venido?», dijo con voz entrecortada. «¿Dónde están tus zapatos? ¡Estás tan sucia y te ves exhausta!»

«Señora, Sporna. Estoy tan cansada. Y tengo tanta sed. ¿Me podría dar un poco de agua?», le rogué.

Me llevó a la cocina, me sentó en una silla y me sirvió agua. Luego de beber un trago, puso una tetera con agua a calentar para prepararme algo de beber. Le conté la historia y le pregunté si por favor podía ayudarme. Comenzó a cocinar algo.

Podía ver el miedo en sus ojos mientras se daba cuenta de lo que este acto de amabilidad le costaría. Pero no dijo nada. Puso la comida delante de mí y casi la aspiro. Luego de pocos minutos, me dijo, «Vamos, límpiate y después puedes descansar un poco. Pensaré en lo que haremos luego.»

Le agradecí efusivamente y fui al baño a lavarme.

«NO TE PUEDES QUEDAR»
SEPTIEMBRE 1942

Alguien me llama por mi nombre. ¿Todavía estoy soñando? Abrí lentamente los ojos, y vi que estaba en una cama en la casa de la señora Sporna. Traté de sacudirme el sueño y recordar por qué estaba allí. El miedo y el terror de los días pasados irrumpieron en mi mente. Rezaba para que aquello solo fuera un sueño y para que pronto volviera a la normalidad con mis padres en mi casa.

«Halina,» susurró la señora Sporna. «Levántate, querida. Necesito hablar contigo.»

Vi que el sol se había escondido, y la habitación se había vuelto oscura. Los últimos rayos de luz brillaban intermitentes a través de las cortinas en la ventana. Ahora estaba completamente despierta y se me encogió el corazón al darme cuenta de que no había sido un sueño. Había estado corriendo por mi vida y encontré la ruta hacia la casa de mi querida amiga. Había sido tan amable al recibirme y darme algo para comer, un espacio para lavarme y descansar. Había dormido por un rato, pero no había sido un sueño reparador. Sabía que había dado vueltas en la cama y quizás solo había dormitado. Podía recordar los sonidos de la calle y del almacén en la habitación contigua, oía cómo los clientes iban y venían.

«Halina», continuó, «tengo miedo de tenerte aquí. No temo solo por mí, sino también por ti. Estoy bastante segura de que, si en un momento te encuentran, significaría la muerte para ambas.»

La escuché con tranquilidad. Sus palabras eran completamente lógicas y sabía que tenía razón. El miedo comenzó a crecer dentro de mí. Me senté y la miré. «Sé que tiene razón,» admití. «Pero ¿a dónde puedo ir?, tendré que esconderme. Probablemente me estén buscando desde que hui del policía y de mi padre.»

«¿Quizás puedas encontrar a tu padre?» me preguntó. «Tal vez regresó a tu casa.»

«Tal vez», dije, «pero no lo creo. Estuve fuera de nuestro apartamento toda la noche, y nadie volvió. Ni mi madre ni mi padre. Tengo tanto miedo de que se los hayan llevado, o peor, que estén... Y tengo tanto miedo de volver al apartamento por temor a que la policía este esperando por mí. Y si no, seguramente regresarán para vigilar.»

«Entiendo», dijo la señora Sporna, «pero debes irte, seguramente te encuentren aquí con el tiempo.»

Se giró y entró al almacén de dónde sacó algo de comida y otras cosas para que lleve conmigo. Las puso en una bolsa y me la dio. En ella había una barra de pan y algunos huevos hervidos. Encontró una botella y la llenó de té. Luego, regresó al almacén por unos minutos y volvió con unos zapatos de madera que eran más o menos de mi talla. Hizo que me los probara. No encajaban a la perfección, pero podía caminar con ellos sin demasiado problema. Era mejor que caminar descalza.

Tomé la bolsa con comida y le agradecí nuevamente por su ayuda y todo lo que había hecho por mí. Conversamos un rato más mientras esperábamos que oscureciese completamente. Luego salí en medio de la noche. La oscuridad me envolvió, y sentí la ceguera temporal que me provocó extrañamente reconfortante. Sabía que también eso me mantenía oculta. Y, ¿qué sentido tiene ver cuándo uno no sabe a dónde ir? ¿Por qué ver hacia el frente, sin saber qué camino seguir?

En mi incertidumbre, me mantuve caminando hacia una dirección que había tomado al azar. Ahora comencé de nuevo a sentir pánico. ¿Debía correr? ¿Debía agazaparme de nuevo entre los arbustos y esperar? ¿Por qué me había alejado de mi padre aquella tarde? Hubiera sido mejor que me hayan atrapado con él y estar juntos ahora, sin importar dónde lo habían llevado o cuál había sido su destino. Al menos, no estaría sola. Imaginé varios otros escenarios terribles que podrían sucederme. Crecía el pánico dentro de mí.

Me detuve repentinamente. Tomé esos pensamientos y me propuse sacar todo el miedo fuera de mi mente. Debía pensar con claridad. No me había alejado mucho del almacén. Con un nuevo enfoque, traté de oír con atención si había alguien cerca. Luego comencé a caminar de nuevo, más lento esta vez, procurando que los zuecos no hagan mucho ruido.

De repente, recordé el lugar más famoso en Częstochowa, el monasterio de Jasna Góra. Allí se guardaba el famoso cuadro de la Virgen Negra. En el monasterio había un claustro y pensé que sería un buen lugar para ocultarme, especialmente de noche. No estaba muy lejos de aquí. Empecé a caminar hacia allí, me esforcé en no correr porque los zuecos de madera eran muy ruidosos. Estoy segura de que caminé deprisa, ya que estaba muy ansiosa por llegar al lugar sin toparme con nadie en el camino.

Solo me tomó algunos minutos llegar a la iglesia. La ruta me pareció más larga porque en cada esquina procuraba que nadie me viera y me atrapara. Ahora, en frente de la iglesia, me detuve y miré cuidadosamente a mi alrededor. Todo estaba tranquilo y nada se movía. Entré y encontré un lugar para esconderme.

Comencé a relajarme porque sabía que estaba sola. Encontré un lugar para acostarme y traté de dormir. Luego recordé algo que comenzó a ponerme nerviosa de nuevo. Hoy era sábado. Por la mañana llegaría gente a la misa. Traté de calmarme y dormir, pero la incertidumbre de no saber a dónde iría más tarde me mantuvo completamente despierta. ¿A dónde iría? No tenía ningún plan. No había forma de planear algo. Lo único que tenía por seguro era que tendría que irme antes de que comenzaran los servicios de la iglesia. Puede que haya cerrado los ojos un par de veces esa tarde, pero no dormí.

SOLA EN LA HUIDA
SEPTIEMBRE 1942

La iglesia había estado vacía y en silencio toda la noche, excepto por los usuales chirridos de un edificio tan antiguo. Aun el ruido más pequeño me sobresaltaba y me ponía nerviosa. Todavía estaba oscuro cuando me despabilé del último sueño ligero. ¿Qué hora era? No lo sabía, pero sí sabía que ya había estado allí por mucho tiempo y seguro estaba por amanecer. Decidí que era hora de escapar antes de que alguien entrara a la iglesia esta mañana de domingo.

Salí del patio del monasterio y me dirigí a la calle. Comencé a caminar sobre la ruta saliendo de la ciudad. Decidí que sería mejor dejar Częstochowa porque allí era más probable que me atraparan. Tal vez podría encontrar un pueblito cercano en donde esconderme. Ese era mayormente mi plan. Solamente continuar y buscar algún lugar donde ocultarme. Ahora estaba a merced del destino y la suerte. Intenté, entonces, dejar de pensar y seguir mi camino.

Caminé unos kilómetros y me encontré con un pueblo. La luz del día comenzaba a llenar el cielo. Era domingo por la mañana y el lugar estaba todavía tranquilo, ya que los habitantes aprovechaban el día para descansar. Me acerqué al pueblo con mucha cautela y mantuve los ojos y oídos bien abiertos ante cualquier señal de vida. Mientras me acercaba a las afueras del lugar, me sentí aliviada de no ver ni un alma fuera. Motivada, entré en el pueblo y eché un vistazo.

Durante ese periodo, los pueblos polacos se parecían mucho a las aldeas de libros de cuentos de antaño. No habían cambiado mucho en cientos de años y, por ahora, los avances tecnológicos del siglo XX no parecían haber cambiado este. En esta calle pequeña había, tal vez, entre 15 y 20 casitas, todas con techo de paja y jardines pequeños. Sin embargo, una de las casas me llamó la atención. Estaba quemada y claramente abandonada. Tal vez ese sea un buen lugar para esconderse. Corrí hacia allí y miré dentro.

Las paredes de la casa habían desaparecido a causa del fuego, pero la estructura todavía sostenía el tejado. El techo también estaba intacto y, en un extremo, una chimenea de ladrillo se mantenía sólida, como recién construida. Pude ver que sobre el techo había un ático, un lugar perfecto para ocultarse. Nadie podría verme desde fuera y, con suerte, nadie volvería a la casa, ya que había sido abandonada. Pero ¿cómo llegaría allí sin escalera? La única forma de subir era trepando por la chimenea. Era una niña pequeña y no era muy buena trepadora. Y trepar mientras sostenía una bolsa de comida que necesitaba con desesperación hacía la tarea imposible.

Sin desalentarme, revisé la chimenea para ver si podía treparla. Cerca de la mitad vi una herradura de caballo incrustada en el ladrillo. Noté que la curva de la herradura sobresalía lo suficiente como para poder amarrarle algo. De pronto, tuve una idea. Tenía un cinturón en el vestido. Lo tomé con apuro y le amarré la bolsa con comida. Luego tomé el otro extremo y lo amarré a la herradura de caballo. Entonces, de alguna manera, con una fuerza y agilidad que no sabía que tenía, trepé por un lado de la chimenea hacia el ático. Una vez allí, me estiré, alcancé el cinturón y tiré la bolsa con comida dentro. La buena suerte que tuve y mi habilidad para aprovechar la situación me sorprendieron. Estaba tan contenta de estar allí, escondida de todos.

Le eché un vistazo al ático y vi que no había nada, excepto paja. Algo más de suerte porque podría usar la paja para hacerme un lugar cómodo para dormir. También me proveería un poco de calor durante la noche. Di un gran suspiro de alivio y me relajé. No había comido por mucho tiempo por el miedo y la ansiedad. Ni siquiera había pensado en comer y no tenía dolor por hambre. Ahora que me sentía segura, empecé a marearme por la falta de comida. Abrí la bolsa y tomé el pan y un huevo hervido. Quería comerme todo en ese momento, pero sabía que debía ser disciplinada y hacer que la comida durase el mayor tiempo posible. Partí un poco de pan y tomé un pedacito. Pelé el huevo y me lo comí todo. Luego tomé unos sorbos de té. También tenía mucha sed, pero resistí a la tentación de seguir bebiendo. Le puse la tapa a la botella y cerré la bolsa. Me acosté y cerré los ojos. Tal vez el sueño haría que me olvide del hambre. En poco tiempo estaba dormida. No me había sentido tan segura desde que dejé a mi padre. Dormí profundamente y sin ensueños.

ESCONDIDA EN EL ÁTICO
SEPTIEMBRE 1942

Me despertó el canto de un gallo al otro lado de la calle. Primero me sobresalté y el miedo me recorrió el cuerpo. ¿Dónde estaba? ¿Estaba segura? ¿Me había quedado dormida de agotamiento en algún lado a la intemperie? Cuando el sopor comenzó a disiparse, recordé la buena suerte que tuve de haber encontrado, más temprano en la mañana, esta casa quemada y el ático todavía intacto. Suspiré de alivio y mis pensamientos se tornaron en un hambre intenso. Mi estomago gruñía y se revolvía. Tenía los labios y lengua secos por la sed. Busqué la botella con té que la señora Sporna me había dado. Cuando la puse en mi boca, casi la empiné para vaciarla, pero encontré la voluntad para resistir y la levanté solo lo suficiente como para mojarme los labios con el té. Metí la lengua dentro de la botella y luego me humedecí los labios. No sabía por cuánto tiempo me quedaría allí, y necesitaba preservar la mayor cantidad de comida y té. Levanté la botella de nuevo y tomé un poco de té. No tragué de inmediato. En su lugar, lo pasé de un lado a otro de la boca para mojarme las encías y la parte posterior de la garganta. Luego, deje que bajara.

Al estirarme para alcanzar la comida, me di cuenta de que las tablas de la pared del ático no estaban bien construidas. La luz de la mañana penetraba las angostas hendiduras y pintaba formas geométricas en el suelo. Las partículas de polvo bailaban entre los rayos de sol que entraban. Quería comer un poco más, pero oía sonidos que venían de la casa de enfrente. Mi curiosidad no podía esperar, y me fui rápidamente hacia la pared para mirar a través de las grietas el patio de donde provenían los ruidos. Pude ver una familia empezando a trabajar en su jardín y alrededor de la casa. Varios niños llevaban a cabo sus quehaceres con diligencia, de manera metódica y en un silencio eficiente. Alimentaban los pollos y les daban agua a las vacas y a las cabras. Yo miraba con gran interés cómo, afanosamente, iban de un lado a otro de la casa.

Había algo satisfactorio en ver a la gente vivir una vida normal sin temor a perderla. Esta escena me entretuvo y me dio algo de alivio del terror por el que había pasado los últimos días. Luego, la madre salió de la casa y los llamó para que entraran. Volví la mirada hacia el pueblo, más allá de la calle. Pude ver a la gente moviéndose de aquí para allá, pero no podía ver lo suficiente desde ese ángulo como para determinar lo que hacían. Era domingo, así que el ritmo era relajado y pacífico.

Volví a concentrarme en la bolsa con comida, tomé un trozo de pan y comí un poco. Entonces sentí una gran relajación y me acomodé a esperar que el día pasara. Hice lo posible para permanecer tranquila y en silencio y así no levantar sospecha en los transeúntes. La curiosidad me mantuvo observando a las personas del pueblo a través de las tablas. Pensé en muchas cosas durante el resto del día, mi casa en Częstochowa, los amigos de la escuela, las vacaciones maravillosas con mi madre.

Recordar a mi madre me entristeció y me llenó de miedo. ¿Qué había sucedido con ella? ¿La habían sacado de la casa antes del saqueo? Rezaba para que todavía estuviera bien y con vida. ¿Qué había pasado con mi padre? ¿El policía había tenido piedad de él y le había perdonado la vida? Tantas preguntas llenaban mi mente de dudas e incertidumbre. Me propuse imaginar lo positivo y no pensar en lo negativo. Tal vez ambos estén todavía vivos, y volvamos a reencontrarnos pronto. Era posible, entonces, por el momento, creería en eso. El día pasaba muy lento, pero vagar por mis pensamientos ayudaba a acelerar el tiempo. Una vez que se puso el sol, la noche llegó rápidamente. Acomodé la paja de muchas maneras, tratando de hacer una cama lo más cómoda posible. Una vez satisfecha, me acosté y pronto estaba dormida.

A la mañana siguiente, de nuevo me sobresaltaron los ruidos del otro lado de la calle. Esta vez, sin embargo, eran mucho más aterradores. Había mucha gente hablando y podía oír ruidos de metales chocándose. ¿Qué era esa conmoción? ¿Los alemanes estaban buscando judíos aquí también? Me acerqué a las paredes lo más silenciosa que pude a mirar a través de las grietas. Me sentí aliviada al ver que eran solo los campesinos polacos del pueblo. Se habían acercado a cosechar patatas en el campo junto a la casa. Las palas, rastrillos y azadas se golpeaban entre sí mientras las cargaban para comenzar el trabajo. Había dormido sorprendentemente bien toda la noche. No recordaba haberme despertado para nada. ¿Había sido por la comodidad de la paja o por el gran cansancio de los días anteriores? Un poco de los dos, supongo. Hacía varios días que no me sentía tan descansada. Observé por unas horas cómo los trabajadores cosechaban las patatas y las apilaban dentro de cestas. Los niños trabajaban junto a los adultos y parecían ser igual de eficientes.

Cuando el sol se encontraba en el punto más alto del cielo, los peones se detuvieron a descansar y a comer un poco. Un par de hombres caminaron hacia la casa, en donde yo estaba escondida. Buscando resguardarse del fuerte sol de mediodía, pararon debajo del ático. Hablaban en tonos tan suaves que apenas los podía entender. De repente, escuché a uno de ellos decir, «me pregunto si habrá alguien arriba». El otro parecía también curioso y respondió, «subamos y echemos un vistazo».

Se me aceleró el corazón. Me fui rápidamente de la apertura cerca de la chimenea hasta una esquina oscura. Me acurruqué para hacerme lo más pequeña posible y esperé que la luz tenue no les permitiera verme. Ellos treparon por la chimenea mucho mejor que yo y en un instante estaban del otro lado del ático. Primero, se quedaron quietos en silencio y no intentaron acercarse a mí. Recé para que se dieran cuenta de que allí no había nada de valor y que regresaran abajo. Solamente estaban esperando que los ojos se le adaptaran a la oscuridad. Les tomó un momento percatarse de que yo estaba allí.

«¿Quién eres tú?», me preguntó uno de ellos. «¿Qué estás haciendo aquí?» agregó.

Comencé a temblar de miedo y pensé rápidamente qué contestar. No había hablado por un tiempo en voz alta y con la garganta reseca, me costaba producir las palabras. De alguna manera, la voz me comenzó a salir. Decidí que haría lo posible para convencerlos de que era polaca. «Soy una niña polaca de Częstochowa. Algo les ocurrió a mis padres. No sé dónde están. Los he buscado por todos lados, pero cuando ayer se hizo de noche, decidí dormir aquí». No recuerdo lo que balbuceé después, algunos otros detalles mal inventados que no tenían sentido.

Me miraban con incredulidad. Claramente, no me creyeron. «¡Estás mintiendo!» gritó uno de ellos. «Eres una niña judía y has huido para esconderte».

Sus palabras me hicieron temblar de miedo, pero su tono de voz me atemorizaba aún más. No era amistoso. Me miró por unos segundos.

Me quedé callada, no respondí. Sabía que responder era inútil. Comencé a temblar al darme cuenta de que la coartada que inventé era muy inconsistente.

Entonces, pasó algo inesperado. El segundo hombre di un paso al frente y se inclinó hacia mí. «No te preocupes pequeña. Está bien. No te haremos daño», dijo suavemente. «Supongo que te has escapado de la Aktion en Częstochowa».

Asentí tímidamente con la cabeza.

«Estábamos allí cuando ocurrió», siguió. «Fue terrible. Muchas personas asesinadas y tantas otras detenidas y enviadas en tren a distintos sitios. Pero a otros los atraparon y los tienen en el cine. Nos dijeron que allí permanecen algunos cientos de ellos. Los retienen para trabajos forzados». Me dijo la ubicación y recordé dónde era. Cuando pienso en ese intercambio, no era necesario para él decírmelo, pero en pocos días sería de gran ayuda.

«Bueno, puedes quedarte y ocultarte por un tiempo. No le diremos a nadie que estás aquí», concluyó el hombre.

Luego el otro dijo, «Te traeremos, también, algo de comida. Haremos todo lo posible para ayudarte».

¿Todavía estaba soñando? ¿Podría ser cierta esta buena suerte? Pensé en pellizcarme para despertarme de aquel sueño. Pero sabía que no estaba soñando. La montaña rusa de emociones por la que había pasado en esos pocos minutos me sobrepasó. No pude responder porque la sensación de alivio me había paralizado los labios y la lengua. Finalmente, de alguna manera, logré pronunciar un débil gracias. El miedo y la ansiedad dejaron mi mente y todo el cuerpo se me relajó de repente. Respiré profundo y solté el aire rápidamente. Entonces, comencé a temblar de alivio. Semejante oleada de emociones contradictorias en tan poco tiempo me había dejado exhausta. Me sentía mareada y me recliné contra la pared para recobrar la compostura.

Luego, los hombres bajaron por la chimenea y los observé a través de las tablas mientras volvían a la casa. Aún no me lo podía creer. De pronto, volvieron a mí las dudas y el miedo. ¿Estaban siendo honestos conmigo? Tal vez solo dijeron eso para mantenerme allí mientras avisaban a las autoridades para que vengan a buscarme. Esta situación no era poco común. Muchas veces, los polacos locales les habían prometido ayuda a los judíos, para luego entregarlos a cambio de una recompensa o después de que les surgiera miedo a ser atrapados. No estaba lista para aceptar tan rápido lo que parecía ser buena suerte. Esta terrible lucha contra estos crueles asesinos por sobrevivir me estaba enseñando a no confiar en cualquiera. ¿Debería huir mientras ellos no están? Sabía que esto también era inútil, así que, de momento, esperaría a ver qué clase de hombres eran.

No tuve que esperar mucho tiempo para descubrirlo. Solo un rato pasó hasta que uno de ellos regresó y trajo con él algunas patatas hervidas. Se lo agradecí con el alma. Asintió amablemente y me dijo que volvería al final del día para controlar que estuviera bien. Las patatas aún estaban humeantes por el agua hirviendo. Las comí tan rápido que me quemé la lengua y el paladar. Me dolía la garganta por tragar tan rápido trozos de patata casi sin masticar. Sin embargo, no recuerdo una comida más deliciosa que esa.

Los hombres cumplieron su palabra y aún más. Esa tarde, luego de que los niños se fueron a la cama y ya estaban dormidos, el hombre de la casa de enfrente regresó. Trajo con él una escalera y la acomodó para subir. Me invitó a ir con él. Me llevó hasta su casa y me presentó a su esposa. Mi ropa andrajosa y sucia debe haberla conmovido. Me miró con gran pena, me tomó de la mano y me llevó al baño. «Lávate lo mejor que puedas, querida. Toma tu tiempo, pero trata de ser lo más silenciosa posible para no despertar a los niños. No queremos que ellos sepan que estás aquí, pues le pueden contar a alguien que no le agrade tu presencia». Cerró la puerta y me limpié.

Luego de haberme lavado, me dieron un poco más de comida y algo caliente de beber. Fue tan refrescante volver a estar limpia y no tan hambrienta. Después de comer, me apuraron, preocupados de que demasiado tiempo allí aumentara las probabilidades de que me vieran. El hombre regresó conmigo y la escalera para que pudiera subir al ático y pasara allí la noche. Cruzamos la calle en silencio y con cuidado. Subí por la escalera y le agradecí con sigilo. Esa noche el sueño fue aún más pacífico y reparador que la noche anterior.

¿MORIR SOLA O CON MI PUEBLO?
SEPTIEMBRE 1942

Me despertaba continuamente, se me hacía difícil distinguir los sueños de la realidad. Podía ver ahora los primeros destellos de luz y volví a recordar en dónde me encontraba. El ático de la casa quemada era rudimentario, pero me había dado algo de sosiego del miedo de las semanas anteriores. Esa mañana se cumplía una semana de estar viviendo allí. Los peones habían sido muy amables conmigo y me traían tres comidas por día. Era escasa, pero la mejor que había comido en mucho tiempo.

Los escuché volver, pero ahora el sonido era diferente. Había un tono de urgencia en sus voces y parecía que una conmoción inusual estaba tomando lugar. El rostro de mi protector apareció en la apertura del ático, estaba lleno de temor.

«Los alemanes están llegando, y están buscando por todos lados a los judíos que han escapado», dijo con voz trémula. «Tengo mucho miedo de que te encuentren aquí. Si lo hacen, te matarán, estoy seguro. También temo por mi familia. Odio tener que decirte esto, pero debes irte».

No sabía qué responder, pero sabía que tenía razón. Esta gente había sido tan amable conmigo, no podía pedirles que arriesgaran su vida por mí. ¿Dónde podría ir ahora? Todas mis posibilidades se estaban agotando. No tenía la energía ni el valor para seguir escapando.

Recordé que me había contado que algunos de los judíos en Częstochowa fueron retenidos para trabajar y no los habían enviado a los campos de exterminio. Tal vez podía ir y unirme a ellos. Una vez más, había llegado al punto de preferir morir con mi pueblo a soportar el trauma de escapar constantemente. Y eso haría. Pero ¿sería capaz de llegar a la ciudad sin ser atrapada? Pensé que ya me estaban buscando. Si me veían, sería mi fin. Por otro lado, si lograba volver sin ser detectada, tal vez podría entrar a escondidas en el cine, donde tenían retenidos a los judíos y mezclarme con ellos como si hubiera estado allí todo este tiempo.

En mi mente, no era una decisión difícil de tomar. No podía seguir soportando el estrés de tratar de ocultarme. Si me atraparán, entonces que me atrapen. Mejor una muerte rápida que esperar por ella en esta incertidumbre. Tomé mis pertenencias y le agradecí al hombre por su amabilidad. Se le podía ver el alivio en los ojos, cuando le dije que me marcharía. Dijo algo sobre no querer verme asesinada. Sus palabras indicaban preocupación por mí, pero el tono de su voz hizo que me diera cuenta de que estaba más preocupado por su familia y por él mismo. Tenía mucho miedo de que lo asesinaran por haberme ayudado y lo entendí.

El sol de la mañana se hacía cada vez más radiante a medida que me abría paso por la carretera hacia la ciudad. La gente iba comenzando su día y con cada persona nueva que me cruzaba aumentaba mi temor. Pero hasta ahora, no había visto a ningún soldado alemán. Caminé lo más rápido que pude sin llamar la atención. Conocía muy bien el camino hacia el cine. Elegí la ruta que creí menos concurrida.

Después de un tiempo, llegué al lugar. Afuera había un tanque de agua y los judíos venían a beber de él. Me metí en el flujo de personas en la calle y me dirigí al teatro. Al pasar el tanque, me agaché y me coloqué en medio de los trabajadores.

Lo hice sin que me notaran y me encontraba ahora con mis hermanos judíos. Miré a mi alrededor. Reconocí algunos rostros, pero por ahora, nadie me había reconocido. Me sobrevino un gran alivio al ser de nuevo una judía más. En un momento, algunos vieron que no tenía la banda amarilla obligatoria para los judíos. De alguna manera, muy rápidamente, alguien me fabricó una y me la envolvió en el brazo. Ahora estaba completamente integrada y sin levantar sospechas.

A esta altura, muchos ya me habían reconocido y estaban muy contentos de ver que todavía estaba viva. Una persona me llevó con su grupo de trabajo. En cuestión de minutos, me trajo un pequeño pedazo de pan y luego marchamos hacia el centro de la ciudad. Finalmente, llegamos a un parque y nos indicaron que debíamos limpiarlo. Algunos rastrillaban hojas, otros levantaban basura, mientras otros cavaban trincheras.

Estaba tan contenta de estar «segura» con mi gente que se elevó mi nivel de energía. Rastrillé y trabajé como nunca lo había hecho. No puedo explicar de dónde venía tanta energía. Parecía que estaba bajo los efectos de alguna droga. Trabajé tan acelerada e intensamente que algunos otros trabajadores se acercaban a tranquilizarme. Me aconsejaron que lo tomara con calma para que no me agotara. Todo lo que podía pensar era en el alivio de no tener que huir ni ocultarme más.

Ya no pensaría más en qué comer ni a dónde ir ni en lo que me depararía el camino. Ya no me preocuparía conseguir la ayuda de alguien, si con el tiempo los descubrirían ayudándome, ya no me preocuparía que me delatasen. Ya no pensaría de dónde sacar la siguiente ración de comida. Ya no dormiría afuera. Y ahora estaba de nuevo con mi gente. No es que estar en soledad sea lo peor. Me habría quedado sola si hubiera sabido cómo sobrevivir. Pero se me agotaron las posibilidades para hacerlo por mi cuenta. Ahora pensaba que sería mejor ir con ellos en los trenes hacia las cámaras de gas que esperar lentamente morir de una manera incierta o igualmente dolorosa.

El día de trabajo había finalmente acabado, y regresamos al cine. Caminaba y veía montones de personas en el suelo en filas preparándose para dormir. No había nada sobre la mayor parte del suelo. En algunos lugares había algo de paja. Solo pude encontrar un sitio vacío, sin paja. Algunos minutos después, un hombre se me acercó y me dijo, «Llegas recién hoy, ¿no es cierto?» Le dije que era verdad. «¿De dónde eres?», agregó. Le respondí y me preguntó mi nombre. Mi respuesta lo sobresaltó. Con entusiasmo me dijo, «Espera aquí», y luego se marchó al otro lado del cine.

Estaba confundida, pero esperé con impaciencia su regreso. En unos minutos volvió. Se inclinó hacia mí y con una gran sonrisa en el rostro susurró, «¡Tu padre está aquí!».

VER A MI PADRE POR ÚLTIMA VEZ
OCTUBRE 1942

«¡Mi padre!, ¡está aquí!»

«Shhh», dijo el hombre, presionando el dedo contra sus labios.

«¿Dónde está? Por favor, llévame con él», le dije en tonos suaves, tratando de reprimir la emoción.

«No, no deberías ir con él todavía», me advirtió. «Él también está muy feliz de escuchar que estás aquí y estás bien, pero tiene miedo de que se forme una conmoción si te ven con él. Teme que alguien te denuncie a los guardias si los ven juntos».

Estaba abatida porque lo quería ver inmediatamente. Los eventos de los dos años anteriores le habían destrozado la valentía a mi padre. Al mismo tiempo, su paranoia se intensificó. Le habían quitado todo. En vano había trabajado tan duro para crear su exitosa empresa. Recuerdo lo mucho que le costaba dejar la casa cuando estábamos en el gueto porque tenía mucho miedo. Y las pocas veces que se animaba a salir, siempre volvía temblando y preocupado de que lo estuvieran siguiendo o que alguien estuviera preparado para capturarlo y llevárselo. Luego de que comenzó la guerra, mi madre se convirtió en la fuerza de la familia. Encontró maneras de traernos comida, ropa y otras cosas que necesitábamos.

Mi padre no podía encontrar la determinación para superar sus miedos. Ahora aquel miedo nos impedía vernos.

El hombre veía cómo el rostro se me llenaba de desilusión a medida que me percataba de que no podía ir con mi padre. «Si vas ahora, todo el mundo los verá y se dará cuenta. Él está bien. Es mejor esperar hasta la mañana, después de salir con la cuadrilla de trabajo. Estarás afuera, y la gente se irá a trabajar. Entonces, podrás ir con él, más en secreto, y pocas personas lo notarán», me dijo, tratando de consolarme.

Sus palabras no eran tan reconfortantes, pero lo entendí. Pasé el resto de la noche muy ansiosa. La alegría de saber que estaba vivo y que lo volvería a ver me crecía en el pecho y me ponía feliz. Al mismo tiempo, el dolor de tener que esperar toda la noche me rompía el corazón. No dormí mucho, girándome de un lado a otro sobre el suelo frío. Imaginaba lo que me diría. Tenía la esperanza que me dijera que mi madre también estaba allí, o al menos en un lugar seguro. Tantas cosas por contarle y tantas por escuchar de él.

En el último año, había vivido muchas noches que parecían no acabar. Esta había sido una de las más lentas. Finalmente, llegó la mañana. Estaba completamente despierta antes de que los primeros rayos de sol entraran al cine. Un par de personas comenzaron a moverse y a prepararse para trabajar. El sol se asomó por el horizonte y, al fin, era hora de ir afuera a que nos asignaran un trabajo. Una vez en la calle, empecé a buscarlo desesperadamente. Divisé a un hombre al otro lado del camino que también parecía estar buscando entre la gente. Nuestros ojos se encontraron y me contuve de no correr hacia él. Se quedó de pie esperándome, las piernas me tambaleaban al querer disminuir la marcha. Ahora estaba enfrente de él e intenté con todas mis fuerzas no llorar. Nos dimos un rápido abrazo que detuvimos casi al instante para no llamar demasiado la atención.

Nos hablamos con susurros y nos preguntamos qué era lo que nos había pasado en estos últimos días desde que nos separamos. Las palabras qué imaginé que me diría sobre mi madre nunca llegaron.

En su lugar, me dijo que ella había sido capturada la noche que me escapé. Si hubiera continuado caminando por la casa saqueada esa tarde, nunca habría encontrado a mi madre, ya que la habían llevado más temprano ese día a la estación y la habían enviado en un tren hacia un campo. No sabíamos a cuál fue trasladada. Muchas personas de Częstochowa enviadas a los campos de exterminio fueron a Treblinka, no tan conocido como Auschwitz, pero igual de letal y perverso. Pero eso ya no importaba. Nunca la volveríamos a ver.

Esperábamos ansiosos la designación diaria de trabajos. Por alguna razón, aquel día tuvimos que esperar más para que nos los asignaran. ¿Qué estaba pasando? Pronto supimos que los alemanes llevarían a algunos de nosotros a campos de exterminio y que vendrían en cualquier momento a seleccionarnos. Mi padre no podía respirar de miedo al escuchar la noticia. No temía por él, temía por mí. Los jóvenes eran considerados muy débiles para hacer adecuadamente el trabajo y con frecuencia eran los primeros en ser enviados a los campos.

Rápidamente mi padre empezó a buscar por todos lados a una mujer que pudiera tener maquillaje. Pensaba que luciría más grande si me ponía algo de colorete y lápiz de ojos. Asombrosamente, encontró a alguien que nos ayudó y con rapidez me pintó la cara. Me dijo que me irguiera tan alto como pudiese para lucir más grande y saludable. Me erguí y me puse en puntas de pie.

Pronto llegaron los alemanes y comenzaron a separar a los hombres de las mujeres. Mi padre y yo fuimos obligados a separarnos. Me coloqué en el medio de las mujeres y traté de esconderme entre ellas. Me mantuve en puntas de pie para parecer lo más alta posible. Los soldados empezaron a quitar hombres de ese grupo. Observaba cuando les decían uno por uno que se mantuvieran a un lado. Y entonces, para mi horror, señalaron a mi padre. Dejó el grupo y se unió a aquellos que habían sido seleccionados.

Traté de no llorar ni gritar, mientras intentaba mantenerme lo más alta posible. Mi padre se giró y me miró por última vez. Luego, me dio la espalda y caminó hacia el grupo con rumbo a la estación. No pude ver su rostro mientras se iba. Vi el sombrero tan familiar que llevaba desaparecer al doblar la esquina. Esa fue la última vez que lo vi.

PLANEANDO UN ESCAPE PELIGROSO
OCTUBRE 1942

La imagen de mi padre alejándose de mí y dirigiéndose hacia la estación de tren me quedó grabada por siempre en la memoria. En ese momento, todavía tenía la esperanza de volverlo a ver. No sabía a dónde lo llevaban. Sabía que probablemente iría a un campo de exterminio como Treblinka. Nunca supe a dónde lo llevaron. Supongo que no importa, pero no puedo parar de pensar y preguntármelo. Cuando una persona pierde a un ser querido, los psicólogos dicen que necesita un «cierre». Cuantos más detalles sepa sobre el destino del ser querido, más fácil se le hará lidiar con esa pérdida. Sin embargo, yo no quiero saber, sobre todo si se trató de un final horrible en una de esas fábricas de la muerte.

Una vez más me encontraba sola. Esa mañana trasladaron a un par de cientos de personas junto con mi padre. Estaban redoblando el esfuerzo para hacer de Częstochowa un «Judenrein». Algunos días después, nos movieron del teatro a un gueto recién formado. Era mucho más pequeño que el gueto anterior. Nos hacían recoger todas las pertenencias que habían abandonado los judíos cuando huyeron o fueron capturados durante aquella *aktion* violenta de la que escapé. Recolectábamos cacerolas y sartenes, sábanas y almohadones, lámparas, mesas, sillas, y todo lo que no había sido roto ni destruido. Y lo traíamos para que lo utilizaran los alemanes y los polacos.

A veces la gente intentaba mantener algunos artículos para uso propio o para tratar de usarlos en el trueque. Era muy peligroso hacer eso. Cada mañana, nos inspeccionaban para ver lo que teníamos. Recuerdo que le dispararon a un hombre por tratar de quedarse con una sábana. Pero pronto me vería en una situación en la que no podría resistirme —sin importar el peligro. Estas inspecciones eran con frecuencia muy a fondo, casi registros de cuerpo entero. Pero normalmente, eran solo registros puntuales y no todo el mundo era obligado a pasar por eso.

Por un golpe de suerte, me encontraba en el grupo que había sido enviado a limpiar la casa donde vivíamos justo antes de la *aktion*. No podía creerlo cuando llegamos. Casi todo lo que había visto aquella noche todavía estaba regado por doquier. No le dije a nadie que esa había sido mi casa. Mientras caminaba por las habitaciones, me puse contenta de haber encontrado algunas de nuestras fotos. Me guardé unas en el zapato, otras en la blusa y otras en los pantalones. Cuando volví al gueto esa tarde, empezaron los registros habituales. Esperé con inquietud, rezaba para que no me registraran. Se me aceleró el corazón frenéticamente mientras nos llamaban uno por uno para ser examinados. Para mi gran alivio, me pasaron por alto y me escapé de un castigo por quedarme con las fotos. Estaba tan feliz de tenerlas. A estas alturas, eran más valiosas que el oro para mí. Eran mi identidad, mis recuerdos de las personas que más amaba y mi única conexión con la vida maravillosa que había tenido antes de la guerra.

Pasaron algunos días y me asignaron un nuevo trabajo. Me enviaron a una fábrica de municiones cercana. Los primeros días, trabajaba en la cocina pelando patatas. No tardaron mucho en cambiarme a la línea de producción de balas. No recuerdo demasiado sobre aquel trabajo, excepto que manejaba un tipo de prensa que grababa alguna clase de identificación sobre el revestimiento de las balas.

Las condiciones siguieron empeorando durante los siguientes días y semanas. No tenía forma de mantenerme limpia. Estaba llena de piojos y tenía miedo de pronto contraer tifus. Aquellos que operaban la planta hacían todo lo posible para humillarnos y deshumanizarnos. El trabajo no era intenso, no obstante, era estresante y doloroso.

Comencé a pensar que perdería la cordura muy rápido en esas condiciones y quería escapar. Recordaba lo difícil que había sido para mí la última huida, tratando de encontrar lugares para esconderme, preocupada por si los que me encontraba por el camino, me ayudarían o me delatarían o matarían en el acto. No podía pensar en volver a hacerlo. Ya se me ocurriría otra idea.

Había escuchado historias de judíos que escapaban de contrabando si conseguían una identificación falsa. Con estas identificaciones y con la ayuda de algunos polacos, era posible mezclarse en la sociedad polaca o al menos permanecer en una zona más segura. Pero para conseguir esta ayuda se debía pagar un precio, y generalmente uno muy elevado. ¿De dónde sacaría el dinero o los bienes para hacer semejante transacción? De repente, recordé a la señora Sporna, que tenía aquel almacén, y la ayuda que me había dado justo después de haber huido de la *aktion*. Durante el periodo en que los alemanes les confiscaban sus bienes a los judíos, mi madre le había ofrecido las pieles para que ella las guardara. La mujer aceptó quedárselas y cuando la situación se volviese más segura, devolverlas. Podía usar las pieles para comprar mi escape. Sin embargo, había muchos obstáculos que superar para concretar ese plan.

Sabía que las posibilidades de hacerme pasar por polaca durante mucho tiempo eran escasas, además de peligrosas. Sin embargo, si pudiese escaparme a la ciudad donde vivían los familiares de mi madre, tal vez tendría más posibilidades de sobrevivir esta locura. Będzin era el pueblo natal de mi madre, y no quedaba muy lejos de

Częstochowa. Había sido anexado por los alemanes al comienzo de la guerra, lo que significaba que no pertenecía más a Polonia. Seguro había una frontera que debería cruzar, esto presentaría un gran peligro para mí, pero estaba decidida a hacer que esto sucediera, o a morir en el intento. Simplemente no podía soportar más estar sola, especialmente en esas condiciones.

Ahora me asombro de tal ingenuidad, cuando pienso en ese plan. Solo tenía 12 años. ¿Cómo conseguiría llevar a cabo los complicados pasos necesarios para hacer que esto sucediera? Primero, debía conseguir las pieles que tenía nuestra amiga polaca, pero no era capaz de ir allí. Necesitaba la ayuda de alguien. Aún bajo estas condiciones estrictas impuestas en el gueto nuevo, había algunas personas judías que tenían un poco más de libertad de movimiento. Esto se debía al trabajo que se les había asignado o a las responsabilidades que tenían con el *Judenrat*. ¿Cómo podría encontrar a aquella gente sin arriesgarme a revelar mi plan a la persona incorrecta?

Y luego un día se presentó la suerte que estaba necesitando. Durante la comida, nos dieron algunas hogazas de pan. Uno de los hombres que estaba cerca de mí me entregó una y un cuchillo y me pidió que la cortara para dividirla. Miré fijamente el pan y luego lo miré a él. Se percató de que no sabía cómo cortarlo. Lo tomó de nuevo y tomó el cuchillo y me dijo, «Observa. Así se hace», y comenzó a cortarlo en partes iguales. Se rio de mí y entablamos una conversación. Recuerdo que su apellido era Jungerman. En poco tiempo, me había contado lo suficiente sobre él como para darme cuenta de que era una persona con contactos y que podría ayudarme a conseguir lo que necesitaba. Le conté sobre las pieles y accedió a ayudarme. Planificaría cómo recuperarlas y venderlas a cambio de los papeles falsificados y de llevarme al otro lado de la frontera.

Ahora que lo vuelvo a pensar, me parece algo imposible. Una vez más, ¿una niña de 12 años, organizando semejante plan? Sin embargo, la tarea se vio facilitada por el atractivo del dinero. Había gente lo suficientemente desesperada como para afrontar un gran riesgo para conseguirlo. De hecho, el mercado negro prosperó en tiempos vertiginosos. Así que, quizás no era muy inusual conseguir este tipo de ayuda tan rápido.

Mientras que conseguir los documentos falsos y a alguien que me lleve hasta la frontera fue el mayor desafío, había otros obstáculos que debía superar. ¿Cómo escaparía del trabajo sin que me descubran? ¿Cómo me pondría en contacto con los contrabandistas justo en el momento correcto? Tantas cosas podían salir mal dentro mi osado plan. A pesar de tantas incertidumbres, me mantenía determinada y buscando con cautela la ayuda de aquellos que me la darían.

Entretanto, me encontré por casualidad a mi prima que había sobrevivido a las deportaciones a los campos de la muerte y que estaba trabajando en un campo cercano. Aunque fue una gran sorpresa y alegría volver a verla, también había sido un golpe de suerte. Me contó sobre un búnker en el gueto donde algunos miembros de mi familia se habían ocultado. Me dijo que me acogerían por unos días mientras esperaba ser trasladada en secreto. El búnker me serviría de transición hasta que llegara el momento justo para irme con los contrabandistas.

Casi al mismo tiempo, el hombre que había contactado a los contrabandistas me contó el plan para llevarme con ellos. Él y otros judíos trabajaban como sastres, peleteros y zapateros en una casa justo a las afueras del gueto. Como la casa estaba en las afueras del gueto, los contrabandistas polacos podían ir allí a buscarme. Era el lugar perfecto para que nos reuniéramos. Pero la sincronización también debía ser perfecta. Para poder encontrarlos en el momento justo, tendría que estar lista para irme de un momento a otro. ¿Cómo podría hacerlo si trabajaba en la fábrica?

Estaba todo finalmente arreglado, excepto por el día y la hora. Me ponía muy nerviosa que vinieran por mí mientras estaba en la fábrica o cuando no podía salir del gueto. Decidí que era hora de que me vaya al búnker del que mi prima me había hablado. Así que una mañana muy temprano antes de ir a trabajar, me escabullí hacia el búnker. Me alivió haberlo encontrado y que la gente allí escondida me dejara entrar. Mi tía, la prima de mi madre, se encontraba ahí, y estábamos tan felices de vernos.

Le conté mi plan de escape y que me quedaría allí algunos días como máximo. Cumplí con mi palabra porque en solo unos días me enteré de que los contrabandistas estaban esperándome. Me levanté temprano y tomé lo único que me importaba traer conmigo: las fotos que había recogido de mi casa. No tenía demasiado que llevar, pero, de todas maneras, llegué a la conclusión de que viajar ligera sería lo más seguro. Abandoné el búnker y me reuní con los judíos que trabajaban en el lugar donde me encontraría con mis escoltas polacos. Me uní a su grupo y nos dirigimos todos hacia la casa.

Cuando llegamos, descubrí que había dos personas más que serían trasladadas en secreto conmigo. Una de ellas era un niño pequeño que también se reuniría con sus familiares en Będzin. Me tranquilizaba saber que tenía un compañero, pero también me preocupaba que al estar juntos levantáramos sospechas. De cualquier manera, no tenía otra opción. Esperé con nerviosismo entre los sastres y otros artesanos a que llegaran los contrabandistas. Finalmente, llegaron y nos llevaron a los tres a una casa cercana. Nos preparamos para pasar una larga noche llena de ansiedad, esperando llevar a cabo el escape la mañana siguiente. No logré pegar ojo.

DE CONTRABANDO A BĘDZIN
MARZO 1943

Finalmente llegó la mañana en la que salimos en secreto de Częstochowa. Los contrabandistas vinieron a nuestra habitación y nos dijeron en voz baja que era hora de irnos. Afuera todavía estaba oscuro y en un silencio inquietante. La noche anterior nos habían dado los documentos falsificados con seudónimos polacos. Nos hicieron repetir nuestros nombres una y otra vez en nuestra mente para que nos acostumbráramos a decirlo de manera instintiva en caso de que fuéramos interrogados. Lo había practicado toda la noche.

Entonces era hora de irse. Lo único que había llevado conmigo, además de ropa, eran mis fotos familiares, lo más preciado que tenía. Uno de los contrabandistas notó la caja que llevaba con las fotos dentro. Me preguntó qué había en la caja. Le conté y me dijo que podría ser peligroso que las tuviera si nos detenían y nos interrogaban. Le rogué que me dejara quedármelas y cedió con rapidez. Estoy segura de que pudo notar la desilusión en mis ojos al darme cuenta de que debía dejarlas atrás. Lo más probable es que no haya querido perder más tiempo discutiéndolo. Necesitábamos irnos rápido ahora antes de que se haga demasiado tarde en la mañana.

Abandonamos la casa en silencio. Justo afuera, nos esperaba una carreta. Trepamos atrás y nos cubrimos con mantas para que no nos vieran. El chófer agitó las riendas y la carreta se sacudió hacia delante. El ritmo constante del trote de los caballos era reconfortante. Después de unos minutos comencé a quedarme dormida, pero los latidos de mi corazón ansioso palpitaban en mi cabeza e impedían que me durmiera.

La frontera estaba solo a unos kilómetros de la casa que usaron los contrabandistas. Así que no nos tomó mucho tiempo llegar hasta el paso fronterizo. Habían elegido un lugar en las afueras de los pueblos, en el campo, así podríamos cruzar en secreto. No nos atrevíamos a intentar cruzar por el control fronterizo. Nuestros cómplices polacos viajaban en otra carreta para su seguridad. Ser atrapados ayudando a judíos a escapar les podría significar la pena de muerte.

El chófer de la carreta le dio señal de alto al caballo, y comenzamos a detenernos poco a poco. El hombre se bajó de la carreta y nos dio un golpecito a través de las mantas para que sepamos que era hora de bajar. Al quitarme la manta, pude ver que la luz del día recién comenzaba a aparecer. El viento estaba tranquilo, y todo estaba en calma. A lo lejos un perro soltaba un par de ladridos. Sabía que lo más probable era que el ladrido no estuviera dirigido a nosotros porque parecía venir de muy lejos. Sin embargo, el sonido me impactó. ¿Habría allí más perros que pudieran revelar nuestro escape?

El chófer nos escoltó hasta una arboleda cercana donde pudimos ver un sendero deteriorado que conducía a un espeso y oscuro bosque. Lo señaló y nos dijo que la frontera se encontraba a unos cientos de metros por el sendero. El camino emergería del bosque por el otro lado. En este punto, nos toparíamos con una carretera y otra carreta nos estaría esperando. Le agradecimos y empezamos a caminar.

La luz del día se hacía cada vez más fuerte, pero las sombras del bosque me daban la tranquilidad de que no seríamos divisados —

al menos por ahora. En unos pocos minutos, llegamos a la carretera que nos había nombrado. ¡Pero no había ninguna carreta esperándonos! Mi corazón se aceleró de miedo. La carretera estaba desierta y todo estaba en silencio. ¿Ahora qué?

En pocos segundos, oímos la marcha de los caballos y las ruedas de la carreta. Nos agachamos entre las plantas del bosque y esperamos a que llegara, no sabiendo si era nuestra carreta o la de alguien que nos delataría. Escuchamos atentamente y espiamos a través de las ramas para intentar vislumbrar algo. El sonido se aproximaba y se hacía cada vez más fuerte y pudimos darnos cuenta de que se estaba deteniendo. El chófer tiró del caballo y la carreta se detuvo justo enfrente de la entrada del sendero. Ahora podíamos ver al chófer entre la espesura de los arbustos y los árboles. Fue evidente para nosotros que esperaba por algo y veía el sendero del bosque con expectativa.

Intranquilos, salimos de a poco de las plantas hacia la carretera. El hombre nos indicó que nos apresurásemos. Corrimos hasta la carreta y saltamos dentro de la parte de atrás. Busqué en mis bolsillos para asegurarme de que todavía tenía los documentos de identidad falsos y practiqué mi nombre polaco en voz baja. Me invadió una sensación de alivio mientras la carreta avanzaba. Esta vez no nos escondimos, estábamos sentados rectos en la parte de atrás y tratábamos de aparentar normalidad. Presioné fuerte la caja de fotos contra mi pecho y, una vez más, traté de calmarme a mí misma con el ritmo de la carreta en movimiento.

¿A dónde vamos ahora? Me pregunté. Nos habían dicho que a la última parte de nuestro viaje a Będzin la haríamos en tren. Así que esperaba llegar a la estación de un pueblo cercano. El chófer no nos decía nada y mantenía la mirada hacia el frente. En poco tiempo, llegamos a un pequeño pueblo que recién empezaba a cobrar vida con las actividades diurnas. El chófer se detuvo y nos ayudó a salir de la carreta. Nos dio a mí y al otro niño los boletos para el tren. Los miré y ambos decían Będzin. El hombre nos deseó un buen viaje y buena suerte, llamándonos por nuestros nombres polacos. Era como si nos estuviese recordando que debíamos ser cuidadosos y comenzar a utilizar nuestras nuevas identidades.

Entrar a la estación nos atemorizaba, pero sabía que no tenía que mostrar miedo, debía demostrar confianza. Era una estación pequeña y ya se estaba llenando de gente porque el tren llegaría pronto. Encontramos el tablero de horarios y buscamos la plataforma de nuestro tren. Rápidamente, nos dirigimos al andén y encontramos un lugar para sentarnos y esperar. Solo pasaron unos minutos y oímos el sonido del silbato resonando por la vía. El tren se acercó lentamente a la estación y se detuvo. Pronto estábamos arriba.

Una vez en el tren, nos separamos y buscamos asientos distanciados. No queríamos que, por estar juntos, sospecharan de nosotros. Nuestro contrabandista también abordó el tren y encontró un lugar lejos de nosotros. En unos minutos, el tren comenzó de nuevo a moverse, pero me pareció una eternidad. Estábamos en camino. Nos tomaría unas pocas horas llegar a Będzin. Traté de relajarme, pero me resultó muy difícil. Practiqué en mi cabeza la pronunciación de mi nombre, mientras observaba nerviosa si se acercaba el conductor del tren, o peor aún, un policía.

Por fortuna, mi miedo a aquella confrontación nunca se materializó. Tuve una gran sensación de alivio al estacionar en Będzin porque no se nos había acercado ni revisado ninguna autoridad durante el viaje. Mientras el tren desaceleraba, salté y me dirigí hacia el pasillo y me coloqué en la fila para desembarcar. Miré a los pasajeros a mi alrededor esperando a bajar del tren, tuve cuidado de no hacer contacto visual con nadie. Ninguno de ellos se preocupó tampoco por mirarme a los ojos.

Una vez en la plataforma, me choqué de nuevo con la realidad. Sabía que mi familia ya no estaría en la parte del pueblo donde solían vivir antes de la guerra. Me di cuenta de que, a esta altura, cualquier judío que no haya sido enviado a un campo de exterminio o de trabajo estaría, con seguridad, confinado a permanecer en un gueto, como nos había ocurrido en

Częstochowa. Así que ahora debía determinar con rapidez en dónde encontrar el gueto. No podía deambular sin rumbo a través de la ciudad por mucho tiempo o me capturarían.

Conocía un poco la zona, pero no tan en detalle. Mi tío había vivido cerca de la estación de tren antes de haber sido enviado al gueto, así que conocía, en cierta medida, la zona que la rodeaba. También había descubierto que el gueto de Będzin se encontraba en una parte de la ciudad conocida como Komnianka. Saber esto fue muy útil para mí. Habría sido bastante sencillo preguntarle a alguien en el pueblo dónde se encontraba el gueto. Sin embargo, ¿habría sido sensato hacerlo? Preguntar algo así seguro que me delataría. Pero podría, sin problemas, pedir indicaciones hacia Komnianka. Así que encontré una mujer mayor que tenía un rostro amable y con discreción le pedí que me indicara el camino. Me lo dijo, aparentemente, sin sospechar.

Deambulé por las afueras de la estación y por las calles del pueblo, tratando de aparentar que pertenecía a ese lugar y que me dirigía a una dirección ya definida. Caminaba con un ritmo rápido, pero no tanto como para llamar la atención o perder los puntos de referencia que la anciana me había dado. Era ya la última hora de la tarde y las sombras se extendían a lo largo del pueblo. Las calles laterales estaban ahora cubiertas por la sombra de los edificios. Las calles más oscuras me daban comodidad, aunque probablemente no ayudaban para nada a ocultarme.

De repente, doblé la esquina y miré hacia la calle que tenía delante. Al final de esta estaba el límite del gueto. Sabía que tenía que ser porque se encontraba en condiciones muy precarias. Los edificios estaban en mal estado y deteriorados. Avanzando un poco más por esa calle, pude ver gente judía. Rápidamente me dirigí hacia el vecindario y dentro del corazón del gueto.

Antes de la guerra, mi abuelo había sido un empresario prominente de Będzin, tenía una compañía de seguros exitosa. Estaba segura de que allí todos lo conocían o por lo menos habían oído de él. Me acerqué a un anciano y le pregunté por mi abuelo.

Para mi fortuna, sí lo conocía y me indicó en dónde se encontraba su casa. Una vez allí, golpeé la puerta y una señora me abrió. No conocía a esta mujer, pero le dije a quién buscaba y me señaló una habitación en el pasillo. Las condiciones de vida en esa casa eran muy malas. Varias familias la ocupaban y mis abuelos estaban en el lugar que ella me había indicado.

Abrí la puerta lentamente para verlos hacinados en esa habitación. Los dos miraban como si hubieran visto un fantasma. Sus rostros se empalidecieron y mi abuela alzó de repente las manos para cubrirse las mejillas, respiraba con dificultad. Luego noté que miraba atrás de mí y sobre mi espalda como si alguien hubiera entrado detrás. Me giré para ver qué miraba. No había nadie allí. La volví a mirar confundida. Luego, dijo, «¿Vino tu madre contigo?»

No era necesario que contestara. Ella sabía la respuesta antes de preguntar. Comenzó a llorar y se acercó para abrazarme. Mi abuelo se mantuvo aparte, en silencio, incapaz de pronunciar una palabra. Su rostro era de conmoción y miedo.

Sus vidas en el gueto estaban al límite. Podían terminar en cualquier momento. Las *aktionen* se hacían cada vez más frecuentes a medida que los nazis impulsaban el *Judenrein*. Los judíos eran capturados y enviados a los campos de concentración sin previo aviso y sin razón. Se esforzaban por conseguir comida para sus frágiles cuerpos. Estaban rodeados de suciedad, ya que eran incapaces de limpiar adecuadamente. El tifus y otras enfermedades se propagaban con rapidez. Ahora mis abuelos tenían a alguien más por quien preocuparse. Y para colmo, no tenía documentación. Las personas que estaban ahora en el gueto requerían de papeles. Los documentos falsos que me habían dado para salir de Częstochowa no funcionarían aquí. Eran para una niña polaca y serían inútiles en un gueto judío.

VOLVER A VER A MIS ABUELOS
MARZO 1943

Yo era de alguna manera la nieta «favorita» de mis abuelos. Como era la única que vivía lejos y solo los podía visitar una o dos veces al año, ellos siempre me adulaban y me daban un trato especial. Mi abuela tenía una personalidad vibrante, gran energía y determinación. Hablaba con confianza y poder y parecía que siempre sabía lo que era correcto hacer en cualquier situación. Mi madre y yo solíamos ir de vacaciones con ella cada verano a los complejos de las montañas del sur de Polonia. Habíamos estado juntas en las últimas vacaciones justo antes de que comenzara la guerra.

Mi abuelo era un hombre tan amable y maravilloso. Lo amaba y sabía que él también a mí. Nunca expresó el miedo que sentía por mi llegada, pero conforme iba conociendo mejor la situación, se hizo evidente para mí que fue un peso para él. Y pronto nos daríamos cuenta de que temía por mí.

Sin papeles, ni siquiera podía salir de la casa porque las autoridades registraban con regularidad a la gente en la calle, incluso dentro del gueto, para ver si contaban con la documentación correcta. A quienes encontraban sin identificación legítima los enviaban, la mayoría de las veces, a Auschwitz, Dachau o a Buchenwald. De manera que, me encontraba en una posición muy insegura.

Un día me arriesgué a salir. No recuerdo el porqué. Quizás trataba de encontrar algo de comida o tal vez ya no quería seguir confinada en la casa. De todas maneras, fue una decisión peligrosa. Mientras caminaba por las calles, no muy lejos de nuestra casa, un policía judío me detuvo y me pidió los documentos. El policía formaba parte del *Judenrat,* judíos forzados por los alemanes a dirigir los asuntos de la gente en el gueto. Al no poder mostrar ningún papel, el policía me llevó a su oficina y me mantuvo allí. Creí que era mi fin. Sin embargo, pronto me dejó ir. Mi tío, que era prestigioso entre los judíos de Będzin, había arreglado mi liberación, de alguna manera.

De ahí en adelante, no tenía otra opción más que estar en la casa todo el tiempo, pero, aun así, era inseguro. Comenzaron a registrar con regularidad las casas del gueto para verificar documentación. Nos volvimos el objetivo de aquellas inspecciones. Una noche, la policía judía nos golpeó la puerta y nos exigió entrar. Era ya la madrugada y estábamos todos en la cama. Los policías dijeron que yo debía ir con ellos a la estación. Estaba aterrorizada y supuse que hasta aquí había llegado. Ciertamente ahora, siendo atrapada por segunda vez, me enviarían directo a un campo de concentración.

Mi abuelo estaba sentado en la cama y comenzó a rogar que no me llevaran, diciéndoles que me necesitaba para ayudarlo a caminar porque era inválido. Creí que había inventado la historia en la desesperación. Era viejo y no se movía con mucha rapidez, pero no era inválido. Luego, apartó la manta que lo cubría. Señaló sus piernas. Para mi gran sorpresa, solo había dos muñones. Nunca supe, antes de este incidente, que había estado usando prótesis por años. Me estremeció.

Los hombres miraron las piernas y se tomaron unos segundos para pensar. Me miraron y luego a mi abuelo. Se disculparon diciendo que debían llevarme a pesar de eso, ya que no tenía la documentación necesaria para permanecer en el gueto. Mi abuelo siguió rogándoles que me permitieran quedarme, pero fue inútil.

En la estación, esperé con terror a que decidieran mi destino. Estuve sentada allí por horas esperando a recibir una resolución o, al menos, un aparente intento de una. Imaginé que mi hora había finalmente llegado y que pronto estaría en camino a un campo de exterminio. Todo el tiempo que había estado escapando por mi cuenta, había decidido que era mejor regresar con mi familia y sufrir el destino que me esperaba en un campo de exterminio que permanecer completamente sola buscando el próximo bocado de comida y un escondite seguro. Con resignación, estaba lista para aceptar mi destino. Al menos, había tenido la posibilidad de ver a mis abuelos por última vez.

Luego algo increíble sucedió. El policía se acercó a mí y me dijo que era libre. Me advirtió que la sanción sería definitiva si me atrapaban de nuevo. No tenía idea de porqué decidió liberarme, pero no esperé a preguntar nada. Corrí hacia fuera de la estación y de regreso a casa de mis abuelos. Una vez allí, me dijo que mi tío había sobornado a la policía para que me liberaran. Sabía ahora que estaba siendo una carga para mi amada familia y que debía encontrar otro lugar para irme. Pero ¿dónde y cómo? No les habían quedado a los judíos muchas alternativas, a estas alturas, excepto la muerte.

Mi abuelo y abuela se habían arriesgado mucho al recibirme de forma tan inesperada. Había sido atrapada dos veces, y dos veces mi tío sobornó a la policía para que me dejaran libre. Aun así, mi abuelo no me presionaba para que me fuese. Sabían que no tenía otra opción. Sin embargo, estaba desesperada por encontrar una alternativa para aplacar sus miedos de suscitar el castigo de las autoridades alemanas y polacas. Y ya no podía soportar sufrir como una prisionera dentro de esa pequeña habitación día y noche.

No tenía la posibilidad de asegurarme los documentos que me permitieran moverme dentro del gueto. Incluso mis tíos con su influencia no podían conseguírmelos. Las *aktionen* continuaron ocurriendo con frecuencia y más y más judíos en Będzin eran asesinados o enviados a los campos. Mis abuelos nunca abandonaban la casa porque eran ancianos. La gente mayor era capturada inmediatamente y despachada. A estas alturas, casi todos permanecían escondidos, solo se arriesgaban para satisfacer necesidades urgentes. Era evidente que estaban acelerando el plan de convertir la ciudad en un *Judenrein*. Sabía que a mi familia y a mí se nos estaba acabando el tiempo.

La mayor parte de la familia de mi madre aún seguía con vida y había sobrevivido las *aktionen* brutales. Pero ¿por cuánto tiempo más seguiría siendo así? Parecían estar esperando que ocurriera algún milagro. No paraba de pensar en aquella realidad. Me invadía la ansiedad. Luego, se me ocurrió una idea.

Había escuchado que había campos de trabajo cerca, en donde los judíos eran forzados a fabricar productos para el esfuerzo de guerra. Los alemanes necesitaban con desesperación gente para llevar a cabo este tipo de labor, ya que la mayoría de los hombres y mujeres sanos habían sido enviados al frente de guerra. Por eso no asesinaban a los judíos de estos campos. Las condiciones en esos lugares eran severas, pero no eran campos de exterminio. Los judíos esclavos eran alimentados diariamente, aunque muy poco, para mantenerlos con fuerza para el trabajo.

Yo disfrutaba trabajar. Así que deduje que no sería un problema. Al regresar a Częstochowa, el trabajo había sido para mí una distracción necesaria después de haber estado huyendo. El confinamiento en aquella habitación me estaba volviendo loca. Sentía como si me estuviera sofocando. Y, por supuesto, la amenaza constante de otra redada me acechaba todo el tiempo. Decidí encontrar una manera para meterme en alguno de esos campos.

Cuando le conté a mi abuelo esta decisión, esperaba que él tratara de disuadirme. Su respuesta me sorprendió.

Tomó una posición completamente neutral y me dijo que no podía decirme qué hacer. Mencionó que debía hacer lo que yo creía mejor. Para mí, esta era una forma discreta de decirme que debía irme.

Al día siguiente, me dirigí a la policía judía y les dije que quería ir de voluntaria a unos de estos campos de trabajo. Me di cuenta de que estaría firmando mi propia muerte al ir a la policía. Ya había sido arrestada dos veces por no haber tenido papeles. ¿Qué harían conmigo ahora? A pesar de todo, estaba desesperada por salir del aislamiento y aliviarles la carga a mis abuelos.

Ese día fui afortunada. En lugar de arrestarme, aceptaron mi petición y me asignaron un campo llamado Bolkenhain, en donde fabricaban telas de todo tipo para el esfuerzo de guerra. Allí conocería a dos amigas maravillosas sin las que no hubiera podido sobrevivir. Se sorprenderían ante mi decisión de ofrecerme como voluntaria para trabajar en el campo. Pero solo dos semanas después de haberme entregado, el gueto de Będzin fue liquidado.

Nunca volvería a ver a mis abuelos.

DENTRO DEL CAMPO DE BOLKENHAIN

SEPTIEMBRE 1943

Recordar, a veces, es un trabajo duro. Pero es entonces cuando es más importante hacerlo. Y desafortunadamente, los recuerdos evocados con tanto dolor y esfuerzo son, con frecuencia, los menos agradables. Sin embargo, incluso durante los tiempos más difíciles, hay algunos pensamientos que resurgen que alegran el corazón. Entre mis recuerdos del momento más horroroso de la historia humana, tengo a Lili y a Halinka, dos hermosas amigas que me ayudaron a sobrevivir.

Al entrar al campo de trabajo, sentí el miedo y el terror dentro de mi pecho y el corazón me palpitaba con fuerza. En el interior, había montones de mujeres y muchachas como yo. La mayoría de ellas no eran mujeres, todavía seguían siendo niñas. Yo estaba entre esas edades. Nuestra niñez había sido robada, nos habían obligado a crecer de repente. En aquel momento, tenía 13 años y ya había visto más horror y había escapado por un pelo más veces que la mayoría de las personas en su vida entera.

Inspeccioné la habitación, los rostros eran delgados y las expresiones vacías. No sonreían. No se reían. No había conversaciones emocionantes típicas de adolescentes jóvenes. Era como si les hubieran arrancado la humanidad. Aquello era ciertamente lo que los alemanes estaban tratando de hacer. No nos veían como seres humanos y hacían todo lo posible por quitarnos nuestra dignidad.

Sin embargo, muy en lo profundo de esos cuerpos agobiados, permanecía la voluntad de luchar por su humanidad. Formaban amistades para animarse y ayudarse entre ellos a sobrevivir. Se aferraban el uno al otro en grupos pequeños. Tuve la suerte de pertenecer a uno de aquellos grupos.

Mientras me acomodaba en la litera, dos niñas se me acercaron. No sabía que esperar. Había estado sola por tanto tiempo. Una de ellas se presentó. «Hola, soy Lili». Me dejó saber que ella compartiría el camastro conmigo. Les dije mi nombre y luego la otra niña se presentó. «Hola, soy Halinka», dijo. «¿De dónde vienes?»

«Soy originaria de Częstochowa, pero me escapé de allí porque habían enviado a mis padres a campos de concentración. Al menos, eso es lo que creo. No estoy segura. Así que llegué a Będzin en busca de mis abuelos».

«¿Los encontraste?», preguntó Lili.

«Sí, todavía están en el gueto».

Halinka preguntó, «¿Y por qué estás aquí? ¿Te han forzado los alemanes a trabajar?»

«No, soy voluntaria».

Mi respuesta las sorprendió. «¿¡En serio, por qué!? Nadie viene por su propia voluntad a trabajar en estos campos», dijo Lili sin reparos.

«No tengo papeles y se estaba tornando muy peligroso, había sido atrapada dos veces sin documentos y probablemente me habrían enviado a un campo si no fuera por mi tío que fue capaz de sobornar mi salida ambas veces. Fue peligroso para mí y para mi familia. No podía salir de nuestra pequeña habitación del departamento diminuto que teníamos en el gueto por miedo a que me atrapasen de nuevo. Me estaba volviendo loca y tenía miedo de que me enviaran directamente a un campo de exterminio. Las aktionen se estaban volviendo cada vez más frecuentes y los judíos eran llevados a otros lugares o asesinados. Por eso decidí arriesgarme a entrar en un campo de trabajo. Deduje que mis posibilidades de supervivencia serían mejor aquí».

Mi respuesta tuvo sentido para ellas, pero todavía estaban asombradas de que alguien se ofrezca como voluntario para trabajar en un campo de trabajo forzado.

«Trabajamos 12 horas al día. Es difícil, un trabajo tedioso», me advirtió Halinka. «¡Pronto desearás estar de regreso en aquel pequeño cuarto!»

«¿Qué fabrican aquí?», preguntó Lili.

«Fabricamos telas de todo tipo. Para mantas, ropa e incluso paracaídas», respondió.

«Trabajamos muchas horas, por supuesto, 12 cada día, pero por lo que he oído sobre otros campos, este podría ser peor. No nos dan mucha comida, pero no nos dejan morir de hambre. Y, a pesar de que nos hacen trabajar muy duro, nos tratan bien», dijo Lili.

Halinka agregó, «necesitan que trabajemos para mantener abastecido el esfuerzo de guerra. Por eso nos mantienen vivos. Tu decisión puede ser correcta, pero es agotador estar aquí, y no les preocupa demasiado nuestro bienestar».

Había llegado a apreciar mucho a mis nuevas conocidas. Teníamos mucho en común. Las tres teníamos orígenes similares. Lili era un año mayor que yo y venía del pueblo de Auschwitz, donde había sido construido el tristemente célebre campo de exterminio. Halinka era de Będzin y tenía la misma edad que yo. Habíamos crecido las dos en un ambiente de clase media. Había estudiado más o menos lo mismo que yo en la escuela y compartíamos los mismos intereses.

También nos parecíamos bastante en cuanto a nuestra educación religiosa. Ellas dos habían pertenecido a familias religiosas, pero no ortodoxas. Aun así, todas teníamos abuelos ortodoxos. Supuse que era una situación usual para las generaciones judías de mitad del siglo XX. Nuestros padres estaban entusiasmados por adaptarse al mundo occidental moderno, aunque no tanto como para deshacerse de sus creencias religiosas por completo, como lo han hecho muchas generaciones futuras. De hecho, todo lo contrario. Nuestros padres amaban las tradiciones del judaísmo y se mantenían fieles a estas. Las tres nos dábamos cuenta del valor de estas tradiciones ahora que ya no podíamos celebrarlas. Nos asegurábamos de hablar sobre ellas entre nosotras, y cuando era posible, hacer algo un poco distinto durante el *Sabbat* o los días sagrados.

Nos encantaba contarnos historias y escuchar sobre nuestras familias. Recordarlas y esperar que algún día volvamos a reencontrarlas era de gran consuelo y una terapia para nosotras. Aunque, para estas alturas, estaba casi segura de que nadie de mi familia había sobrevivido. Nos tomó algo de tiempo descubrirlo, pero Halinka y yo, después de varias conversaciones sobre nuestras familias extensas, nos alegró darnos cuenta de que teníamos algunos familiares en común. Su familia provenía de Silesia de donde era mi madre y la conexión se originó allí. Después de tanto tiempo, ya no puedo recordar con exactitud nuestro parentesco.

Cuando le conté sobre las vacaciones que tomábamos en los complejos del sur de Polonia, Halinka me dijo que su familia también lo hacía. Por supuesto que nunca nos habíamos encontrado en una de aquellas vacaciones, pero habíamos estado con frecuencia en la misma zona al mismo tiempo. Nos recordábamos aquellos días de verano hermosos y llenos de diversión. Traíamos a nuestra memoria imágenes de la comida, cerrando los ojos recordábamos los aromas maravillosos de aquellos almuerzos y cenas. Hablábamos sobre cuando ayudábamos a nuestras madres a cocinar y a hornear, en especial cuando se acercaban los días festivos judíos. Recordábamos con cariño los demás quehaceres que hacíamos en la casa para nuestras familias. Nos reíamos de todo lo que habíamos odiado hacerlos en aquel momento, pero qué felices nos hubiera hecho tener que hacerlos una vez más.

Los lazos que forjamos entre las tres se hacían cada día más fuertes, puesto que habíamos prometido ayudarnos entre nosotras. Siempre que podíamos, estábamos atentas a ayudar a las otras niñas del campo, pero Lili, Halinka y yo nos volvimos extremadamente cercanas. Ellas eran ahora mi familia, mis hermanas.

No tenía idea, en aquel momento, el horror que pronto soportaríamos juntas.

A LANDESHUT
MARZO 1944

El campo Bolkenhain, con 150 prisioneras, era relativamente pequeño comprado con la mayoría de los campos. Después de seis meses, llegué a conocer a todas hasta cierto punto. Pero Lili, Halinka y yo pasábamos juntas la mayoría del tiempo. Lili y yo compartíamos la cama de abajo de una litera y Halinka estaba en la cama de arriba con otra niña. Desearía poder recordar el nombre de su compañera de cama. Ella también era una buena amiga, pero nunca llegamos a forjar un vínculo tan fuerte como el que tenía con las otras dos niñas.

Éramos mejores amigas inseparables, esto tristemente llegaría pronto a su fin. El campo de Bolkenhain se convertiría en una fábrica de municiones. Nos anunciaron que todos seríamos trasladados a otros campos. ¿Dónde nos enviarían? ¿Seguiríamos estando juntas?

Unos días después, nos pusieron en trenes camino a nuestros nuevos campos de trabajo. Me sentí tan aliviada de que me hubieran puesto con Lili en el mismo tren. Nos enviarían a un campo llamado Landeshut, que también era una fábrica de tejidos y telas. Para nuestra gran desilusión, Halinka fue transportada en otro tren hacia otro campo, pero no sabíamos a dónde la llevarían. Teníamos tanto miedo de no volver a verla. Nos preocupamos por ella porque siempre había sido la más frágil de las tres. ¿Cómo le iría sin sus queridas amigas? ¿Cómo nos iría a nosotras sin ella? Nos habían cortado el cordón que nos unía.

Los primeros días en Landeshut no fueron muy distintos a los que pasamos en Bolkenhain. El trabajo era similar: hilar y tejer. Nos supervisaban alemanes ancianos que eran demasiado viejos como para pelear en la guerra, pero conocían el oficio de la producción de telas. Nuestros guardias y amos pertenecían a la fuerza aérea alemana, o Wehrmacht, quienes dirigían este y muchos otros campos de trabajo. Nuestra situación era un poco más afortunada, ya que las temidas SS nazi dirigían los campos de concentración y exterminio, y eran mucho más crueles. En ese momento, las SS tenían muy poco que ver con los campos de trabajo que se habían establecido para apoyar al esfuerzo de guerra, más que para eliminar judíos. Éramos básicamente trabajadores esclavos y nos mantenían apenas con vida, pero al menos nos querían vivos. Esto cambiaría a medida que la guerra empeoraba para los alemanes. Y las SS, con el tiempo, se encargarían también de los campos de trabajo.

Ahora en Landeshut, empecé a sentir que aquel cambio comenzaba. No era tan limpio como Bolkenhain y la comida era escasa. Tenía hambre todo el tiempo. Y había una gran diferencia a la que me estaba constando adaptarme: trabajar durante la noche. Durante el día, los alemanes dotaban la fábrica de personal. Después de que terminara su turno, entrabamos nosotras para trabajar durante largas noches. Cada tarde nos formaban en filas en nuestro barracón y marchábamos hasta la fábrica. No era muy lejos así que la marcha no era tan rigurosa, pero era otra manera de humillarnos. Teníamos que mantener el ritmo mientras que los guardias armados marchaban cerca de nosotras para asegurarse de que lo hiciéramos, y cuando regresábamos a nuestro barracón, justo después del amanecer, debíamos otra vez marchar en líneas estrictas.

Me resultaba muy difícil dormir durante el día, en especial cuando el tiempo era húmedo y cálido. Lili también tenía que esforzarse para dormir, a pesar de que siempre estábamos exhaustas y doloridas después del trabajo. A menudo, pasábamos nuestras mañanas hablando hasta que no podíamos mantener los ojos abiertos. Era la única forma de pasar el tiempo. Sin embargo, pronto encontramos otra actividad que nos ayudaba a superar la monotonía.

Lili era muy ingeniosa y creativa. También era muy buena costurera. Encontró la forma de sacar a escondidas hilo y agujas de coser de la fábrica. Así éramos capaces de coser algunas prendas de ropa, la más práctica eran la ropa interior. También cosíamos otras prendas de vestir, como pañoletas, bufandas y accesorios decorativos. No nos cosíamos nada muy elaborado, aunque algunas de las cosas estaban muy bien hechas. De todas maneras, no las hubiéramos podido usar porque, de ser así, habríamos atraído una atención peligrosa que no queríamos tener y se habría terminado para nosotras la costura —o quizás también nuestras vidas. Así que, al principio, parecía que nuestros esfuerzos eran totalmente inútiles. Y, de hecho, lo eran. Pero lo más importante era que teníamos algo que hacer, una actividad que desconectaba nuestras mentes del trabajo duro y las condiciones terribles en las que vivíamos. Sobre todo, nos ayudaba a recordar que todavía éramos seres humanos.

Sin embargo, pronto encontraríamos cómo sacarle provecho a nuestro arriesgado pasatiempo. A algunas mujeres judías se les asignaba el rol de mediadoras entre nosotras y los administradores del campo. Eran mujeres mayores que nosotras y se las llamaba *Judenältesten*. Tenían privilegios por desempeñar este servicio, pero siempre eran puestas en posiciones difíciles, ya que se encontraban en la delgada línea entre cumplir con sus obligaciones y proteger a sus compañeras judías. Nos habíamos enterado de que aceptaban sobornos. A partir de esto, comenzamos a usar nuestra costura para ganarnos el favor de ellas. Intercambiábamos ropa a cambio de un poco más de pan o de sopa.

Los alemanes hacían lo posible para deshumanizarnos. La falta de comida, las pobres condiciones de vida y la actitud de superioridad con la que nos sometían estaban diseñadas para degradarnos. Esperaban que reaccionáramos como animales ante estas condiciones porque eso era lo que creían que éramos. Sabíamos que nos podían quitar nuestra salud o incluso nuestras vidas, pero nunca dejaríamos que nos quiten nuestra dignidad. Aquí en Landeshut habíamos triunfado en esa pelea. Pero pronto recibiríamos la noticia de que nos trasladarían a otro tipo de fábrica. Aquí ya no nos necesitarían. Estábamos camino a Grünberg, una fábrica mucho más grande con un sadista como comandante. ¿Seríamos capaces de mantener nuestra dignidad allí?

TRASLADADA OTRA VEZ – CAMPO DE GRÜNBERG
JULIO 1944

Lili y yo nos acurrucamos mientras marchábamos hacia el nuevo campo de trabajo. El edificio era muy grande e imponente en las calles de la ciudad de Grünberg. Caminamos entre las puertas enormes que llevaban hacia los barracones. Filas y filas de literas amontonadas nos esperaban. Apenas había espacio suficiente como para apretujarse entre las camas que recién nos habían asignado. Una vez más, Lili y yo compartíamos litera.

Ya podíamos sentir que las condiciones eran más severas en este campo. Primero, era mucho más grande. Por ahora, ya había más de 1000 mujeres y otras más llegarían, éramos cientos de personas más que en Landeshut. Podíamos ver que las mujeres aquí estaban más demacradas y cansadas. Esta fábrica se ocupaba también de producir telas, pero en un proceso mucho más extenso, ya que se encargaba de todo el proceso de producción, desde la fabricación de estambre e hilo hasta los tejidos y rollos de tela.

Poco después de haber sido trasladadas, otras mujeres comenzaron a llegar desde campos pequeños ubicados en Silesia. Una nueva sala sería abierta para todas estas personas, un gran depósito con un techo muy alto. Esta fábrica era un horror para todas, pero paradójicamente, era un edificio hermoso con jardines deslumbrantes y paisajismo a su alrededor. Llegamos en los últimos días de la primavera de 1944, cuando florecía magníficamente toda clase de plantas. Era lo único que nos alegraba.

Pero no faltaría mucho para que viéramos otra situación favorable: ¡Halinka también estaba aquí! Nos dijo que había sido enviada a un campo en Merzdorf. Las condiciones allí eran malas como las de Landeshut. Nos contó que había alrededor de 100 mujeres en ese campo y también fabricaban telas como en Bolkenhain, pero se las forzaba, ocasionalmente, a desempeñar trabajos más duros como la albañilería o la descarga de carbón para alimentar la fábrica. Otra de las diferencias en Merzdorf era que prestaban a las prisioneras a empresas locales para que desempeñaran todo tipo de trabajos. Cada día, hombres vendrían al campo a seleccionar mujeres para que trabajasen para ellos. Era como un mercado de esclavas.

Estábamos felices de volver a estar las tres juntas, pero lo que vendría nos privaría de toda la felicidad que ahora sentíamos.

El día a día en Grünberg sería mucho peor para nosotras que en Landeshut. Aun así, estábamos mucho mejor que en otros campos, en especial que en los de concentración. No nos afeitaban la cabeza y nos permitían mantenernos relativamente limpias. Nos dejaban bañarnos cada dos semanas. Podíamos lavar nuestra ropa y sábanas. Al menos teníamos ropa de cama, que en otros campos no había. Teníamos almohadas y mantas y dormíamos en sacos con paja, en lugar de dormir directamente sobre la madera dura de las literas. No tenían intención de hacernos trabajar hasta la muerte porque nos necesitaban desesperadamente para este tipo de trabajo. Incluso aún más ahora que la guerra se volvía contra ellos. No fue hasta que llegamos aquí que comenzamos a sentir ese cambio.

Pronto reducirían las raciones de comida y acortarían el tiempo en que las luces podían estar encendidas en los barracones. Después de que el clima se volvió frío, los edificios, muchas veces, no tenían calefacción. Comenzamos a sentir las consecuencias de que los alemanes estuvieran perdiendo la guerra.

Al haber tantas mujeres en Grünberg, nos enfrentamos a otro tipo de dificultades que no teníamos en Landeshut porque era un campo más pequeño. Aquí pasaban lista por la mañana y por la tarde. Con más de 1000 personas para contar, se hacía terriblemente largo y arduo. Nos ponían de pie afuera, en hileras de cinco personas. Nos obligaban a mantenernos completamente en silencio y quietas, mientras nos llamaban por números una por una. Cuando recién llegamos, era verano. El calor y la humedad ese año fue inusualmente extremo. Cuando llegó el invierno, pasaban lista muy temprano en la mañana, sin importar el clima. Frecuentemente, permanecíamos de pie bajo la fría lluvia y en el viento helado, y también en la nieve. Parecía que estos recuentos comenzaban cada vez más temprano a medida que avanzaban los meses de invierno. Uno de aquellos meses, nos despertaron a las 3:30 de la madrugada. Si el recuento no era correcto, comenzarían de nuevo. A veces, tomaría unas horas terminarlo.

Nos alimentaban menos que en Landeshut desde el principio. Nos daban un pequeño trozo de pan durante la mañana y nos tenía que durar todo el día. Ocasionalmente, nos daban un plato de sopa. Era mayormente agua con restos de vegetales, pero beber algo caliente era agradable.

Las cosas siguieron empeorando. La mayor amenaza era la tuberculosis. Se había producido un brote en el campo antes de que llegáramos y nuevos casos estaban comenzando a parecer. Cada alguna semana, nos hacían radiografías para saber si habíamos contraído alguna enfermedad pulmonar. Si el examen mostraba manchas negras en algún pulmón, nos enviarían a otro campo inmediatamente. Y sería, generalmente, a un campo de exterminio. Desde allí el más cercano era el temido Auschwitz. Cuando llegaba el momento de estos exámenes, todas entrábamos en pánico. Afortunadamente, nunca mostré signos de ninguna de estas enfermedades.

A pesar de que las condiciones empeoraban, hacíamos todo lo que podíamos para conservar la dignidad. Era importante para nosotras vernos lo más bonitas posible, aunque el entorno era miserable. Recuerdo haberme peinado con rizadores hechos de harapos. Fue un pobre intento de estilo «paje», un estilo con cabello lacio en lugar de rizado. En este estilo los rizos están en las puntas del cabello y plegados hacia bajo. El «paje» estaba muy de moda antes de la guerra. Todavía tenía algunas prendas de ropa en condiciones decentes. Ninguna de nosotras tenía demasiada ropa, entonces nos prestábamos conjuntos para variar. Recuerdo que tenía un conjunto que era como un mono. Solía dormir en él para que se mantenga arrugado.

Aun poniendo mucho esfuerzo, nos veíamos bastante lastimosas. Éramos muy delgadas y teníamos casi toda la ropa sucia y destrozada. Pero no lucíamos como las prisioneras famosamente fotografiadas en otros campos como Buchenwald y Auschwitz. Todo ese esfuerzo nos permitía conservar nuestra humanidad. A veces, parecía tan inútil. Cuando lo veo ahora, estoy convencida de que fue la llave que mantuvo viva nuestra esperanza y nos preparó para soportar el terror que estaba por venir.

LAS SS TOMAN EL MANDO
OCTUBRE 1944

En algún momento del otoño de 1944, el funcionamiento de Grünberg cambió. Las SS tomaron el control del campo, reemplazando a la *Wehrmacht*. Un día, poco después, un camión entró al patio del campo y docenas de mujeres, vestidas con uniformes de las SS, saltaron desde la parte de atrás. Un poco más tarde, llegó también un grupo de guardias hombres de las SS. Era evidente que ahora ellos estaban a cargo. Por primera vez sentimos que nuestras vidas corrían peligro.

El nuevo comandante de Grünberg se deleitaba con cualquier excusa que le permitiera infligir dolor físico a las muchachas. Muchas veces, sin ninguna causa ni razón, golpearía a alguna de nosotras. A veces, diría que fue porque hablábamos mucho o muy fuerte. Pero era un sádico, y esa era la única razón. Llevaba un gran anillo con el *Totenkopf* grabado. El infame símbolo nazi compuesto por una calavera y dos tibias cruzadas. Era el símbolo principal de las SS a lo largo de la guerra. Justo antes de golpear a alguna de las niñas, el comandante giraría el anillo para que el símbolo de la calavera quede del lado de la palma. El metal duro cortaría profundo el rostro o la cabeza de su objetivo.

Antes de la llegada de las SS, solo trabajábamos seis días a la semana y nos daban el domingo libre. Después del cambio, el nuevo comandante nos robaría, con frecuencia, los domingos de descanso para el pasaje de lista, obligándonos a estar de pie por horas. Al final, nos daba un discurso diciendo que nos mantendría con vida siempre y cuando seamos productivas. Además, siempre disfrutaba decirnos que de la única manera que veríamos la libertad sería a través de las chimeneas.

Un día después de que llegaron los nuevos guardias, algunas niñas en el campo volvieron a la fábrica a través del patio. De repente, un trozo de pan voló desde afuera. Una de las niñas corrió y lo tomó. Justo después, un guardia de las SS la vio y le ordenó que se detuviera. Las hizo mantenerse quietas mientras las interrogaba sobre el pan. Una por una, con valentía, las niñas negaban saber de dónde provenía el pan, a pesar de que sí lo sabían. Y una por una, luego de cada negación, era golpeada por el guardia, haciendo sangrar sus rostros, cuellos y cabezas. A pesar de los dolorosos puñetazos, las niñas se apoyaban entre sí y no se rendían ante semejante crueldad. Los guardias hombres de la SS eran crueles, pero en varios sentidos, las guardias mujeres eran aún más crueles. Cuando las guardias nos hacían marchar, con frecuencia, nos acusaban de no marchar lo suficientemente rápido. Y cuando lo hacían, nos picaban con la culata del rifle mientras nos gritaban con fuerza.

Un día, nos rodearon las guardias para marchar a un edificio cercano. Esta vez también nos golpearon y gritaron mientras marchábamos. Una por una, nos llamaban adentro del edificio, y nos ubicaban en un cuarto donde había varios hombres sentados y vestidos con chaquetas blancas. En el suelo frente a ellos, había un círculo dibujado. Al entrar al cuarto, nos obligaban a desnudarnos. Luego, nos pedían que nos pusiéramos de pie en el medio del círculo. Los hombres parecían ser doctores, pero ninguna de nosotras pensábamos que lo eran. A nuestro alrededor, y por todo el cuarto, había solados de las SS, tanto hombres como mujeres. Noté en sus rostros que eran muy jóvenes para ser soldados. No sabía en aquel momento, pero ahora sé, que esto era una señal del fin de la guerra para ellos. Sus fuerzas habían disminuido tanto que acudían a jóvenes, a veces niños, para que sirvan en el frente interno como guardias.

No nos decían nada, pero nos miraban fijo y en silencio. Se mantenían distantes y no hacían, para nada, ningún esfuerzo por examinarnos. No tomaban notas ni discutían entre ellos la razón de esta extraña inspección. Afortunadamente, tampoco nos tocaban, pero por varios minutos nos miraban de la forma más humillante posible. Luego, nos entregaban un collar con un número para que lo lleváramos puesto. El número tenía un propósito similar a aquel tatuado en las víctimas de Auschwitz. Nos ponía contentas el hecho de no haber sido tatuadas, sin embargo, esto era casi igual de humillante. Más adelante, llegamos a la conclusión de que era solo otro ejercicio para deshumanizarnos aún más. Una estrategia psicológica para seguir degradándonos hasta el punto de someternos a su creencia de que eran una raza superior. También pensamos que era alguna clase de manera perversa de obtener placer, ¿un enfermo y retorcido «espectáculo sexual», quizás? ¡Vaya raza superior!

En los otros campos, también habíamos sido el blanco de tales tácticas humillantes y deshumanizantes, pero aquí eran más frecuentes. Los guardias que habían reemplazado a los de la Wehrmacht eran mucho más burlones con nosotras. Aprovechaban cada oportunidad que tenían para gritarnos y degradarnos con palabras y acciones. Ahora sabíamos que ya no era más un campo de trabajo, se había convertido en un campo de concentración. Todavía producíamos telas, tan necesarias para el esfuerzo de guerra, pero el nuevo propósito sería, fundamentalmente, eliminarnos.

Este acontecimiento fue muy aterrador. Luego de esta inspección, nuestros programas de trabajo y rutinas diarias se volvieron más y más erráticas e inciertas. Cuando teníamos una rutina más regular, sin estas inspecciones extrañas, nos sentíamos más seguras, pero ese consuelo había sido reemplazado por un miedo profundo de lo que vendría después.

Desde ese momento en adelante, los recuentos también se volvieron más erráticos. Nos despertaban en horarios diferentes de la mañana y nos obligaban a esperar por más tiempo, formadas en fila, a que comenzara el recuento. Ahora estábamos a finales de noviembre o a principios de diciembre y el frío se iba incrementando. Así como aquel verano había sido más caluroso de lo normal, el invierno de 1944-1945 sería terriblemente frío. Siempre y cuando estuviéramos en el campo y tuviéramos el barracón para refugiarnos, estaríamos bien.

LA MARCHA COMIENZA
DICIEMBRE 1944

En algún momento a fines de 1944, la mayoría de los guardias hombres de la SS abandonaron Grünberg, dejando mayormente guardias mujeres para vigilarnos. Ahora puedo darme cuenta de que probablemente hayan sido enviados al frente de la Europa Oriental para luchar contra la armada soviética. Mientras tanto en los campos, no teníamos forma de saber lo que estaba ocurriendo en la guerra. La única vez que los oficiales nos decían algo, era para anunciar alguna victoria de sus fuerzas. Lo hacían para desalentarnos. Sin embargo, estos anuncios comenzaron a ser menos frecuentes conforme pasaban los meses.

Un día de diciembre, nos despertamos y vimos caer una fuerte nevada. Era hermoso ver cómo cubría el suelo y esculpía figuras blancas en los árboles y arbustos que rodeaban el edificio. Sin embargo, no era una buena señal para nosotras. Sufríamos mucho el frío y ya no teníamos calefacción en la fábrica. Temblaba de solo pensar qué nos pasaría. Nuestro programa se había vuelto inconsistente y no habíamos sido examinadas ni nos habían hecho radiografías en mucho tiempo. Algo estaba cambiando para los alemanes. ¿Llegarían malas o buenas noticias?

De repente, una sirena antiaérea retumbó por la ciudad. Los guardias entraron en pánico y rápidamente se escaparon hacia los refugios antibombas. Nos dijeron que permaneciéramos dentro de la fábrica, pero las máquinas no funcionaban y la electricidad había sido apagada. Aquí estábamos, esperando a que cayeran las bombas. Sabíamos que, si caían, la fábrica sería el principal objetivo. Éramos blanco fácil para los bombardeos soviéticos. Sentía mucho miedo, pero, extrañamente, el sonido de aquellas sirenas me trajo esperanza y alegría. Creíamos que lo rusos estaban ganando la guerra y se estaban acercando. Que estuvieran tan adentrados en territorio alemán significaba que los tenían huyendo. Quizás la guerra acabaría pronto.

Con el paso de las semanas, las sirenas antiaéreas se volvieron más frecuentes, lo que alimentaba aún más nuestras esperanzas, aunque también sabíamos que una bomba significaría el final para nosotras. La mayor parte del trabajo se había suspendido. No por completo, por supuesto, pero lo suficiente como para darnos cuenta de que a los alemanes no les estaba yendo bien. Para enero de 1945, las sirenas sonaban casi todos los días. En ocasiones, podíamos escuchar las bombas cayendo y explotando en la distancia. Estábamos contentas de que estuvieran lejos y asumíamos que la fábrica tendría que estar en la lista de objetivos para los rusos.

Parecía que el odio de los guardias hacia nosotras se incrementaba cada día, ya que nos agredían verbalmente y nos golpeaban con más frecuencia. Los recuentos eran más largos y crueles, nos mantenían de pie por horas en el frío. Los guardias de las SS eran muy intimidantes y aterradores. Los uniformes negros que usaban nos causaban escalofríos. Hacía todo lo posible para mantenerme alejada de ellos. Siempre era un alivio estar de regreso en nuestro barracón, ya que allí no estaban a la vista.

Luego, un día, no pasaron lista. No marchamos hacia la fábrica. Esperamos un largo rato que nos dieran la orden de salir para el recuento. Pasamos unas horas de nerviosismo. De repente, un grupo de guardias entró al barracón y nos obligaron a juntar nuestras pertenencias y prepararnos para irnos. ¿A dónde nos llevaban?

Nos enviaron a otro barracón donde vivían las prisioneras que habían llegado antes que nosotras. Nos abrimos paso a empujones dentro del espacio abarrotado. No había suficientes literas para todas. Lili, Halinka y yo encontramos un lugar para sentarnos y esperar. ¿Qué estaba por venir? ¿Cómo podríamos vivir en este lugar repleto de gente?

Pronto oímos que vendrían más prisioneras al campo. Más tarde nos enteramos de que las nuevas prisioneras eran judías húngaras que habían marchado hasta aquí desde otro campo en el este. Estas mujeres fueron puestas en el barracón que recién habíamos desocupado. Nos asomamos para verlas. Estaban muy flacas y demacradas. Algunas tenían manchas visibles de sangre en las ropas y pies. Tenían las cabezas afeitadas y los rostros pálidos y consumidos. Algunas llevaban zapatos de madera, mientras otras ni siquiera tenían zapatos. Aquellas que no tenían se habían envuelto los pies con trozos de tela para protegerlos un poco. Había cientos de prisioneras. No sé cuántas exactamente, quizás 500, o tal vez incluso 1000.

Llenaron el barracón y podíamos oírlas a través de las paredes, ya que habían ocupado todo el lugar. Había mucho revuelo. Alaridos y llantos resonaban en las paredes. Tiraban literas y mesas contra el suelo. Las mujeres registraban todo con desesperación en busca de un poco de comida, ropa o cualquier otra cosa que puediera tener algo de valor. Era un sonido atemorizante.

Las judías húngaras habían sufrido enormemente luego de que los alemanes invadieran el país en 1941. Aunque Hungría estaba aliado con Alemania en aquel tiempo, Hitler temía que el primer ministro estuviera planeando en secreto cambiarse de bando y aliarse con Gran Bretaña, Rusia y los Estados Unidos. El primer ministro les había permitido a los judíos escapar desde Polonia a Hungría y se negó a expulsarlos. Entonces, cuando los nazis tomaron control en 1941, los judíos fueron muy maltratados. En Polonia, los alemanes adoptaron un enfoque más lento en la privación de derechos y el posterior asesinato de judíos. Pero en Hungría, fue todo mucho más rápido.

Muchas de las judías húngaras fueron expulsadas inmediatamente y enviadas a Polonia y a otros países de Europa del este. Las familias fueron separadas durante estas expulsiones y enviadas a los campos de trabajo más severos. Es así como estas mujeres habían sufrido más que nosotras. Parecían que habían sucumbido más que nosotras a las tácticas deshumanizantes de los nazis. Se nos haría difícil socializar con ellas, no solo por su estado emocional y mental, sino también porque la mayoría de ellas hablaban solo húngaro.

Nos enteramos de que estas mujeres habían venido desde Schliersee, un campo al sureste de Grünberg. Habían estado marchando por ocho días y casi 100 kilómetros en el frio intenso. Al comienzo de la marcha, les habían dado una hogaza de pan a cada una y se suponía que les tendría que durar todo el recorrido. Debido a que estas mujeres no sabían a donde se dirigían o cuánto tiempo duraría la marcha, muchas de ellas comieron el pan muy rápido y estuvieron sin comer durante la mayor parte del camino. Sin duda alguna estaban exhaustas y desesperadas. A lo largo de la marcha, muchas mujeres fueron asesinadas. A mitad de camino entre los dos campos, 40 de las mujeres estaban muy débiles para seguir caminando, así que las llevaron al bosque y las acribillaron a balazos. Las enterraron en una fosa común cerca de allí.

Esperábamos y escuchábamos como el revuelo disminuía en el edificio de al lado. Nos preguntábamos por qué las habían traído hasta aquí para que se unan a nosotras. El trabajo en la fábrica estaba casi suspendido, entonces ¿por qué traerían más esclavas a trabajar? No tenía ningún sentido. Al día siguiente, sentíamos la tensión y el nerviosismo que crecía entre los guardias. Todas nos percatamos de que a los alemanes les estaba yendo mal en la guerra. Sabíamos que los soviéticos estaban cerca por el sonido continuo de las sirenas antiaéreas y las bombas a lo lejos. Esta situación nos animaba, aunque al mismo tiempo, creíamos que estos asesinos no querían que sobreviviéramos para contar nuestras historias.

Dos días después de que llegaron las mujeres húngaras, los guardias entraron a nuestro barracón y nos dieron la orden de salir con todas nuestras pertenencias. Mientras nos enfilábamos hacia el patio cubierto de nieve, las mujeres húngaras salieron y las alinearon junto a nosotras. El patio se seguía llenando de gente que salía de los edificios. Pronto, más de 2000 mujeres y niñas estaban de pie en hileras apretadas. Los guardias presionaban y empujaban a las niñas, obligándolas a acercase más entre ellas y a estar de pie en líneas rectas. Aquellas que no se movían lo suficientemente rápido recibían bofetadas y puñetazos.

Nos invadió el miedo, ya que no nos habían dicho que era lo que sucedía. Se escuchaban, por lo bajo, sollozos y llantos entre las filas, pero la mayoría se mantenía en silencio, sin decir una palabra. Esperábamos instrucciones o algún anuncio que nos revelara su plan.

Luego se abrieron las puertas del patio. Los guardias comenzaron a separar a las mujeres en grupo. Mientras las separaban en dos columnas, las niñas eran golpeadas y empujadas con brutalidad. Algunas mujeres en la división de columnas eran separadas de sus amigas. Intentaban moverse de un grupo a otro, pero los guardias empezaron a golpearlas y abofetearlas para obligarlas a volver a su lugar. Afortunadamente, Lili, Halinka y yo no estábamos en el punto de división, así que permanecimos juntas.

Una vez que los dos grupos fueron separados, nos dieron la orden de comenzar a marchar a través de las puertas del campo. Las mujeres húngaras venían de un campo que había sido rezagado por las líneas soviéticas. Los alemanes las hicieron marchar hasta nuestro campo para no liberarlas, negándoles así la posibilidad de contar los horrores que vivieron. Ahora debíamos unirnos a ellas. Por mucho tiempo, creímos que Grünberg pronto quedaría bajo el control de los rusos. A medida que esperábamos que eso ocurriera, nuestras esperanzas de ser liberadas aumentaban.

Mientras atravesábamos las puertas, se nos encogía el corazón; estaban evacuando y nos llevaban con ellos. No nos dejarían como testigos de su historia sanguinaria.

Lili, Halinka y yo nos tomamos de las manos mientras dábamos los primeros pasos en la nieve helada. ¿A dónde íbamos? ¿Cuánto tiempo duraría? Nadie sabía. Ni siquiera nuestros captores.

A medida que Lili, Halinka y yo caminábamos a través de las puertas de la fábrica de telas, mirábamos alrededor a todas las niñas que comenzaron la marcha. Éramos 2000 en total, divididas en dos grupos de alrededor de mil personas. Una vez en la calle, comenzaron a marchar los grupos en diferentes direcciones. Nuestro grupo se dirigía al suroeste y el otro se movía al noroeste. Nos habíamos enterado por las mujeres húngaras el calvario que habían sufrido en la marcha a Grünberg. Ahora sabíamos que debíamos soportar lo mismo. Habían marchado por ocho días sin comida, sin ropa ni zapatos apropiados. ¿Por cuánto tiempo marcharíamos? ¿Cómo nos tratarían? De haber sabido las respuestas al comienzo, creo que no habría podido continuar con la marcha. Habría sido demasiado para soportar. Por ahora, solo podía tener la esperanza de que duraría unos días como la marcha de las mujeres húngaras. Si estas niñas lo habían sobrevivido, entonces, quizás yo también podría. Su marcha duró ocho días. Los días para nosotras serían semanas.

A TRAVÉS DEL FRÍO, DESDE GRÜNBERG A BAUTZEN
ENERO 1945

Perdí la noción del tiempo. No sabía la fecha ni siquiera el día de la semana que nos habían puesto a marchar, pero el conocimiento de la historia desveló que salimos de Grünberg el 29 de enero de 1945.

Antes de comenzar a marchar, nos dieron una manta fina, un tazón y una cuchara. Luego nos entregaron a cada una la mitad de una barra de pan y un poco de azúcar. No teníamos la vestimenta apropiada para el frío gélido y la nieve húmeda, pero la mayoría de nosotras tenía más de un conjunto de ropa. En lugar de llevar la ropa en la mano, nos vestíamos con todo lo que teníamos, en capas, para minimizar el frío. La mayoría tenía zapatos. Todavía conservaba los zapatos de madera que me había dado la señora Sporna. Muchas de las mujeres no tenían zapatos, entonces se abrigaban los pies con telas.

El primer día marchamos 30 kilómetros. A lo largo del camino, los guardias querían infundirnos miedo. Se aseguraron de que supiéramos que cualquier intento de escape era inútil y significaría la muerte instantánea. No tolerarían retrasos.

Al poco tiempo de comenzar la marcha, una de las muchachas se desmayó. Sus amigas trataban con desesperación de ayudarla a levantarse y continuar. Uno de los guardias se giró, caminó hacia la joven que estaba en el suelo y le disparó a quemarropa en la cabeza. Sus amigas gritaban y lloraban, mientras el guardia les gritaba que se movieran o les dispararía a ellas también. Continuamos con la marcha y los guardias dejaron el cuerpo de la joven en la calle.

Poco tiempo después, una niña se detuvo a tomar un poco de nieve con la cuchara para calmar la sed. Antes de que pudiera ponerse la cuchara en la boca, un guardia se acercó desde atrás y la golpeó con fuerza con la culata del rifle. Ella cayó al suelo y él la pateó mientras le gritaba que se pusiera de pie y continuara con la marcha. La niña, de un salto, se puso de pie antes de que el guardia pudiera dispararle.

En un par de días, llegamos a Christianstadt. Un pueblo que tenía un campo de trabajo que servía como fábrica de municiones. Nos quedamos en el campo hasta el otro día. No nos forzaron a marchar. El descanso fue bien recibido, pero nuestros temores no se disiparon.

Durante la noche, algunas docenas de mujeres escaparon. Más tarde ese día, las traerían de regreso. Habían sido salvajemente golpeadas. A aquellas que no regresaron les habían disparado. El mensaje de estas palizas y asesinatos había quedado claro para mis dos amigas y para mí: tratar de escapar era inútil. Incluso si lográbamos hacerlo, ¿a dónde iríamos? Conocía el miedo y la incertidumbre de estar escapando sin un lugar permanente para esconderme. Había sido muy afortunada de haber sobrevivido a ese periodo. Pero, en aquel momento, supe que con el tiempo se me acabaría la suerte. Y fallar en un escape significaría, probablemente, una paliza brutal o una bala en la cabeza. Veríamos muchos de estos casos en las siguientes semanas.

Sabíamos que continuar marchando en nuestra pésima condición era tan peligroso como la falta de ropa y comida. Así que Lili, Halinka y yo no podíamos evitar pensar en escapar. Cada vez que nos deteníamos, evaluábamos la zona y nos esforzábamos en tramar la mejor forma de huir en ese momento. Calculábamos nuestras posibilidades de irnos sin que nos notaran, mientras las demás avanzaban. Sabíamos que los rusos estaban cerca. Quizás si corríamos, los encontraríamos y nos protegerían. Pero no surgió ninguna oportunidad de ser lo suficientemente valientes como para intentarlo.

Pasamos dos noches en Christianstadt. El 2 de febrero, comenzamos de nuevo a marchar. Algunas mujeres de aquel campo fueron forzadas a unirse a la marcha. Durante los próximos días, hubo muchos intentos de escape. Todos terminaron con las niñas asesinadas a balazos. Muchas fueron golpeadas salvajemente antes de su muerte.

Unos días después de haber dejado Christianstadt, la marcha se detuvo inesperadamente. Nos dieron la orden de permanecer firmes. Oímos gritos y alaridos que venían de un bosque cercano, de donde salieron varios guardias de la SS arrastrando a un grupo de mujeres que habían intentado escapar. Las mujeres suplicaban piedad, pero sus ruegos no eran escuchados. Las sacaron del bosque y las alinearon en frente de nosotras.

El comandante de la marcha se acercó a las mujeres. Me enteré después de la guerra que su nombre era Karl Herman Jäschke. Jäschke era un oficial de las SS que había trabajado en Auschwitz. Era particularmente sádico y cruel. Fue juzgado y condenado por sus crímenes después de la guerra.

Jäschke se acercó a las muchachas y sacó su pistola. Una por una les disparó en la cabeza, mientras gritaban y suplicaban por sus vidas. No mostró emoción alguna mientras asesinaba a 14 mujeres. No era necesario que nos dijeran nada, a estas alturas. Todos esos asesinatos ya nos habían advertido lo suficiente.

En los días siguientes, no hubo ningún intento de escape. El 7 de febrero, llegamos al pueblo de Weisswasser. Ya habíamos estado marchando durante 10 días, pero me había parecido un mes o más. Estábamos muy cansadas y teníamos frío. Nunca nos quitamos la ropa a la hora de dormir. Hacía siempre mucho frío. Así que dormíamos con la ropa puesta y se volvía más sucia con los días. Pronto estábamos infestadas de piojos. Todas conocíamos la consecuencia de aquello: el tifus. Una amenaza de muerte más sobre nosotras.

Luego de un par de días, llegamos al pueblo de Bautzen, en donde experimentamos una de las confrontaciones más aterradoras con estos crueles asesinos.

LA EJECUCIÓN DE BAUTZEN
FEBRERO 1945

El tiempo fluye de manera constante, persistente y consistente. Tenemos los segundos, minutos, horas y días medidos con precisión. El hombre siempre ha estudiado el sol, la luna, las estrellas, ha creado calendarios que no fallan en prepararnos para los cambios de estación. Hay circunstancias que distorsionan el tiempo. Eventos en nuestras vidas que pueden alterar la división rígida que hay entre el pasado, el presente y el futuro. Durante el invierno de 1945, el tiempo parecía, en algunos momentos, ralentizarse hasta llegar a detenerse completamente. En otros, corría tan rápido como el bramido del viento que nos golpeaba mientras caminábamos.

¿Por cuántos días habíamos estado marchando? Deje de contar mucho antes de que llegáramos a Bautzen. Ya no importaba. Solo podía pensar en el momento presente y cómo sobrevivirlo. Sin embargo, la pregunta sobre cuántos días más seríamos forzadas a marchar estuvo siempre en mi mente. ¿Cuánto tiempo podría durar yo con esta hambre y este frío?

Muchas jóvenes ya habían muerto o habían sido asesinadas. Y habría muchas más destinadas a lo mismo. De hecho, la mayoría de ellas. Éramos solo niñas y mujeres frágiles. Hasta para el más fuerte de los hombres habría sido difícil resistir, enfrentándose a estas terribles condiciones. A veces nevaba con un viento violento e implacable. Teníamos poca comida y la ropa se nos estaba deshilachando. Las noches eran largas y aterradoras. Casi todas las mañanas, nos levantábamos y veíamos que más niñas habían muerto mientras dormían.

Afortunadamente, la mayoría de las noches dormíamos en un granero o en cualquier otro edificio que nuestros captores incautaban como refugio. Una noche, dormimos en una iglesia que había sido bombardeada. Por supuesto que estos edificios no hacían más que bloquear el viento invernal. Los captores nunca intentaron proporcionarnos un lugar cálido. Por lo general, no teníamos otra opción que dormir apretujadas, ya que los edificios apenas eran lo suficientemente grandes como para contener a cientos de nosotras. Sin embargo, estar tan apretadas nos salvó de morir congeladas. Lili, Halinka y yo solíamos acurrucarnos para darnos calor.

Algunas mujeres húngaras en nuestras filas recibían un trato diferente. Nunca dormían en el frío y tampoco sufrían demasiado el hambre. Habían vendido sus almas y los guardias de la SS que las habían comprado tenían compañía femenina a cambio. Nos molestaba y no podíamos entender cómo podían hacer tal cosa. Pero mirándolo ahora, no las critico. En tiempos tan extremos, la desesperación cunde con facilidad y los instintos de supervivencia se apoderan de nosotros. Como aquellos judíos que sirvieron en la *Judenrat*, aquellas organizaciones establecidas por los nazis en cada ciudad, pueblo y aldea en toda Polonia para ayudarlos a lidiar con los judíos. Algunos de los que pertenecían a la *Judenrat* hacían todo lo posible para mitigar el trato cruel a su comunidad. Pero hay muchas historias de aquellos que sacaron ventaja de su posición para más que solo supervivencia. Algunos eran corruptos y buscaban beneficios económicos. Sin embargo, muchos de ellos también se convirtieron en víctimas, y es esta falta de visión la que merece ser criticada más que la codicia y el deseo de supervivencia.

Muchas de las jóvenes tenían instinto de supervivencia. Recuerdo ver a algunas de ellas sentadas por agotamiento o cayéndose de rodillas por hambre y debilidad. Los pies de algunas niñas estaban congelados o tan ensangrentados que el dolor no les permitía seguir, a pesar de su deseo de continuar. Cuando esto ocurría, sus destinos estaban sellados. No podía mirar atrás cuando escuchaba los disparos que matarían a aquellas que se detuvieron. Era un algo cotidiano.

A veces las muchachas tratarían de escapar y esconderse. Cuando se daban cuenta de que algunas no estaban, nos obligaban a detenernos a todas, mientras los guardias nos gritaban para que reveláramos a donde se habían ido. Generalmente, nadie contestaba, sobre todo porque no sabíamos. Esto los enojaba aún más. Algunas veces en estas instancias, seleccionarían a una joven al azar y la golpearían salvajemente o le dispararían.

Lili, Halinka y yo seguíamos pensando en huir. El ejército soviético venía muy cerca detrás de nosotras. A lo lejos, podíamos escuchar el combate y las bombas. Veíamos a gente alemana y polaca huyendo del frente y las batallas. Hablábamos alemán y polaco lo suficientemente bien como para sentir que nos podíamos mezclar con ellos y pretender ser refugiadas. Pero el miedo y el terror a seguir escapando persistían dentro de mí. Seguía creyendo, a partir de mi experiencia anterior, que lo más probable era que nos atraparan. Por ahora, decidimos que lo más seguro sería permanecer en las filas, acatar órdenes y hacer lo posible por no llamar la atención. Sin embargo, la idea de escapar de este infierno lo más pronto posible era muy seductora. En cada parada, buscábamos lugares potenciales de escondite o de escape.

La noche en Bautzen la pasamos en un depósito grande y vacío. Por la mañana nos llamaron para que saliéramos del edificio hacia el patio. Para nuestra sorpresa, había una carreta grande llena de pan. Nos formamos en filas y marchamos cerca de la carreta y allí nos dieron una barra entera de pan a cada una. Estábamos desconcertadas pero felices de que nos hubieran dado tanto pan de una sola vez. Nuestra satisfacción no duraría mucho.

Una vez en el edificio, los guardias comenzaron a gritarnos para que volviéramos al patio. Nos forzaron a formarnos en hileras de cinco y pasaron lista. Luego de eso, Jäschke apareció en frente de nosotras. Nos dijo que faltaban algunos panes y exigieron saber quién había tomado más de lo que nos había dado. Nadie respondió. Continuó gritando y amenazó con mantenernos de pie afuera toda la noche, a menos que alguien le dijera que había ocurrido con el pan. A pesar de esto, todas las jóvenes permanecieron en silencio. Jäschke se enfureció aún más. La solución para satisfacer su enojo y obtener la información que deseaba nos conmocionaría y aterrorizaría.

Jäschke les indicó a los guardias que contaran hasta 10 personas en la fila y quitaran a una. Cada una de ellas fue apartada de las hileras y reunida en un grupo aparte, que varios guardias rodearon y llevaron hacia un bosque cercano. Luego de que hubieran desaparecido, algunos guardias más se acercaron y seleccionaron otras niñas para que los siguieran. Una de ellas era mi amiga Lili. Sentía terror por ella. No me dijo nada y yo tampoco a Lili, pero en nuestras expresiones reconocíamos que esta sería la última vez que nos veríamos.

También aquellas jóvenes habían ahora desaparecido. Todas nos quedamos inmóviles y en silencio en el viento gélido. El dolor de esperar en esta incertidumbre lo hizo aún más frío. De repente escuchamos disparos entre la arboleda. Temblaba con cada tiro. Mi querida Lili, pensé, ¿te he perdido? Por favor, regresa.

Finalmente, los disparos se detuvieron. Esperamos en las hileras. Nadie hablaba. El único sonido era el del llanto tratando de ser contenido. Después de un rato, nos permitieron regresar al edificio. Traté de comprender el hecho de que Lili se había ido. Halinka y yo nos sentamos juntas, pero no hablábamos.

Pasaron las horas y llegó la noche. Ahora sí estábamos convencidas de que Lili había muerto. Pero ocurrió un milagro. Alzamos la vista y vimos que Lili venía hacia donde estábamos. Tenía dos barras de pan en sus manos y se sentó junto a nosotras. Dividió uno de los panes en tres partes y nos lo dio a cada una. Aunque traumatizada, había encontrado la manera de decirnos lo que había ocurrido. A las jóvenes que habían sido seleccionadas primero, las asesinaron a quemarropa. El segundo grupo de niñas fue llevado para desvestir y enterrar a las jóvenes asesinadas. Por su trabajo, Lili fue recompensada con una barra de pan adicional. Comimos el pan despacio, pero llevábamos tanto tiempo hambrientas que devoramos los demás trozos rapidísimo. No expresábamos ninguna emoción mientras comíamos, pero no podíamos evitar pensar que estábamos comiendo «pan teñido en sangre».

EN UN PUENTE DE DRESDE
FEBRERO 1945

El «pan teñido en sangre» nos llenó el estómago, pero no nos sació. Estábamos emocionalmente hambrientas. Ninguna de las tres podía hablar de la ejecución en masa que había ocurrido en el bosque. No sé a cuántas jovencitas les habían disparado. Probablemente a docenas de ellas. Pensaba en lo fácil que podría haber sido yo una de ellas.

La culpa comenzó a asolarme. ¿Por qué yo sí había sobrevivido y las demás no? Con la misma rapidez que llegaba la culpa, la envidia tomaba su lugar. Tal vez hubiera sido mejor que me hubieran elegido y llevado al bosque, para que todo se terminara allí y en ese momento. Eran afortunadas. No más dolor ni miseria para ellas. Después haber sobrevivido, me siento hoy tremendamente agradecida de que me hayan perdonado la vida. Pero en aquel momento, a solo horas más tarde de aquel acto brutal y cruel, era fácil creer que prefería la muerte al dolor de continuar caminando.

Nos atragantamos con pan. Lili temblaba al recordar los rostros de las jovencitas a las que había sido obligada a desvestir, cavar sus tumbas y enterrar. Comíamos en un silencio inquietante, teníamos los rostros desprovistos de emoción alguna. Ya no podíamos sentir. Estábamos abatidas. Nuestra humanidad se drenaba lentamente, como la sangre de una herida abierta. Nos habían robado todo —nuestras vidas, casas y familias. Ahora venían por nuestra alma y corazón. La escena de Bautzen quedó grabada por siempre en nuestra memoria. Pero quedaría allí prisionera para siempre. No hablamos nunca más sobre aquel hecho.

Al día siguiente seguimos avanzando. Estábamos a mediados de febrero de 1945, tal vez el 11 o el 12, no estoy segura. Ahora solo sé la fecha aproximada por el evento transcendental que presenciaríamos en uno o dos días. A lo largo del camino, empezamos a ver letreros que indicaban la dirección y la distancia hasta la ciudad de Dresde. Cualquiera que conozca la historia de la Segunda Guerra Mundial, sabrá que el 13 de febrero de 1945 fue un día oscuro para esta ciudad.

Bautzen está a unos 65 kilómetros de Dresde. El tiempo estaba templado, casi primaveral. Nos dio un respiro necesario después del crudo invierno que nos había tocado vivir. A medida que nos acercábamos a los alrededores, podíamos ver una nube de humo subiendo desde el centro de la ciudad. La total destrucción de Dresde había comenzado en la mitad de la noche anterior. Lo que estábamos por atestiguar al llegar allí nos dejaría atónitas.

Al caminar por las afueras de la ciudad, el humo y las llamas se extendían por todos lados. Los edificios estaban en escombros. El acero torcido y el concreto formaban extrañas esculturas a lo largo de las calles. De repente, sirenas antiaéreas comenzaron a sonar desde varias direcciones. Poco después, escuchamos el resonar de cientos de aviones. Mientras entrábamos a la ciudad, el sonido se volvía cada vez más fuerte hasta convertirse en un bramido ensordecedor. El cielo estaba completamente cubierto de nubes. No podíamos ver los aviones, pero el sonido nos aturdía. Luego, escuchamos el silbido de las bombas cayendo en picado hacia el suelo. Comenzaron a estallarse a nuestro alrededor. La tierra se sacudió violentamente. Mientras tanto, debíamos continuar con la marcha.

Las llamas se movían sobre el horizonte de la ciudad. Los edificios se desmoronaban ante nuestros ojos. Era una vista escalofriante porque las calles estaban desiertas, ya que todos los residentes habían sido resguardados. Marchamos a través de las calles vacías hasta el centro de la ciudad. Llegamos a uno de los puentes principales que cruzaban el Elba. Los guardias de las SS nos forzaron a marchar sobre el puente, después se retiraron y se refugiaron en la orilla del río, ahí esperaron. Sabían que los puentes de la ciudad serían el primer objetivo y nos dejaron allí esperando que las bombas terminaran su tarea homicida.

Quizás pensaron que, si las bombas no nos mataban, al menos nos aterrorizarían hasta la muerte. Pero ocurrió todo lo contrario. Espontáneamente, todas las jovencitas comenzaron a dar vivas. Los gritos de júbilo me sorprendieron. Sentía lo mismo y no lo podía contener. Me sorprendí de que muchas de mis camaradas lo sintieran también. Tal alegría era irónica e irracional. ¿De dónde venía esa felicidad?

Sorpresivamente, no era por venganza. A pesar de que podríamos haber estado justificadas al ver la destrucción de la ciudad del «Tercer Reich», el lugar que enorgullecía a los alemanes, y pensar: «Ahora conocerán un poco del horror que tuvimos que enfrentar», ninguna actuó así.

Dábamos gritos de júbilo, no por creer que sería el final de nuestros captores, sino porque creíamos que, quizás, nuestro calvario se estaba por terminar. El origen de nuestra alegría venía de esperar que las bombas se estrellaran contra nosotras, poniéndole así fin a nuestra miseria. Hubiéramos preferido una muerte rápida a la tortura agonizante de la marcha.

Estuvimos de pie en el puente durante lo que parecieron horas, pero en realidad solo fueron algunos minutos. La intensidad de las bombas se iba incrementando. El puente se sacudía constantemente, mientras continuábamos quietas. En un rato, el sonido de los aviones se desvaneció y las bombas cesaron. Los guardias de las SS regresaron de su refugio y nos pusieron a marchar de nuevo.

¿Por qué no nos abandonaron en ese momento y lugar y nos dejaron morir en las llamas y el caos de la destrucción? No puedo entenderlo. De hecho, la marcha entera no tuvo ningún sentido estratégico. Al contario, significaba un mayor riesgo para ellos quedarse con nosotras y obligarnos a continuar. Estoy convencida ahora de que no tenían ningún plan. Probablemente comenzaron con un destino en mente, pero, con el tiempo, empezamos solo a deambular sin ritmo ni razón.

Mirando hacia atrás ahora, tantos años después, tengo una teoría. Creo que nos convertimos en una excusa para que estos solados escaparan del combate. Les habían ordenado que nos alejaran de los campos para ocultar las atrocidades que allí se habían cometido. Si abandonaban esta orden, lo siguiente que se les ordenaría sería directamente ir al frente de guerra. Éramos su plan de evasión. Sin querer, se habían adentrado en plena lucha.

En ese día particular en Dresde, estoy casi segura de que querían que muriéramos en aquel puente. Cuando eso no ocurrió, decidieron que debíamos continuar marchando. Quizás, concluyeron que los aviones americanos y británicos se dieron cuenta de que las personas que estaban en el puente no eran el enemigo y evitaron bombardearnos. Una vez que el bombardeo cesó, vieron una oportunidad para salir de la ciudad y del peligro.

Continuamos nuestro viaje hacia el extremo sur de Dresde. Los escombros hacían que las calles parecieran un circuito de obstáculos. El humo era tan espeso que se nos hacía difícil respirar. Las SS nos empujaban tratando de apurarnos el ritmo. Solo unos minutos después de que todas hubiéramos cruzado el puente, más sirenas antiaéreas comenzaron a sonar y, de nuevo, el sonido de los aviones empezó a bramar por encima de nosotras. Dejaron caer más bombas y las explosiones nos destrozaban los oídos.

Varias bombas nos aterrizaron muy cerca. La potencia casi nos puso de rodillas. Miramos hacia atrás y vimos que el puente que recién habíamos cruzado había desaparecido. Unos minutos más allí, y el destino que nosotras y los guardias esperábamos habría llegado.

EL INFIERNO DE HELMBRECHTS
FEBRERO 1945

El bombardeo y la tormenta de fuego en Dresde habían significado una montaña rusa emocional para nosotras. Habíamos dado gritos de júbilo porque esperábamos que las bombas pronto pusieran fin a nuestra miseria. Habíamos deseado que el ataque aéreo fuera fatal también para nuestros captores. Ninguno de aquellos deseos se cumplió. Los guardias de las SS todavía seguían con nosotras, marchando hacia afuera de la ciudad, ninguno había muerto.

Desde Dresde nos dirigimos hacia el sudoeste. Nos volvíamos cada vez más débiles y exhaustas. Las enfermedades y las dolencias se incrementaban rápidamente. Estábamos infestadas de piojos, y prevalecía la fiebre tifoidea y la disentería. La mayoría de las mujeres casi no podían caminar. Por miedo a que les dispararan, seguían avanzando a duras penas. Muchas jovencitas sujetaban a aquellas que no podían caminar y las jalaban del brazo. A las que no podían ponerse de pie, sus amigas las arrastraban por el suelo. Si las dejaban, los guardias les dispararían o quedarían allí tiradas hasta morir.

Aun así, no disminuíamos el ritmo. Nos hacían avanzar sin piedad. En las primeras tres semanas de la marcha, fuimos desde Grünberg hasta Dresde, un viaje de aproximadamente 200 kilómetros.

Recorreríamos la misma distancia durante las siguientes tres semanas. Los recuerdos que tengo de aquel periodo son bastante confusos porque cada día era muy parecido al anterior. Marchábamos de aldea en aldea por la zona de Sajonia, y también estos lugares eran muy similares entre ellos.

No hay manera de que pueda acordarme de los nombres de los pueblos pequeños, pero todavía guardo en la memoria escenas vívidas de algunos lugares en donde parábamos. Aunque parezca extraño, no recuerdo letreros de carretera ni edificios ni monumentos. A estas escenas las recuerdo, más que nada, por la comida que nos daban al final del día —por cómo era la sopa, la cantidad de pan que nos daban e incluso por si no recibíamos nada en absoluto.

Otra vez el tiempo se volvió más frío y nevoso durante este tramo. De nuevo, la naturaleza participó en la crueldad de los captores. Era afortunada en tener zapatos. Todavía puedo ver los dedos de los pies ennegrecidos y congelados de algunas de las otras mujeres. Recuerdo haber visto varias veces a jovencitas dejando las filas para coger un poco de nieve para calmar la sed. La reacción inmediata de los guardias era aporrearlas y golpearlas mientras les ordenaban volver a la fila. Las niñas morían cada día y disminuíamos en cantidad con rapidez.

Hacia principios de marzo, llegamos al pueblo de Oelsnitz. Recuerdo este pueblo, no por la comida, sino porque había un gran grupo de niñas que estaban muy enfermas y se las llevaron en un camión mientras estábamos allí. A dónde fueron, no tengo idea. Estoy bastante segura de que no las llevaron al hospital. No las volvimos a ver. No sé si alguna de ellas sobrevivió.

Luego de aquel día en Oelsnitz, seguimos marchando. Nuestra siguiente parada sería, en absoluto, la peor experiencia de la marcha y duraría un tiempo extremadamente largo. Unos días después, llegamos a Helmbrechts. Nos llevaron a una fábrica de municiones a las afueras del pueblo. También era un campo de concentración con trabajadoras esclavas, de las cuales ninguna era judía. Eran más que nada eslavas de Europa del Este. Había también unos cuantos presos políticos, algunos franceses e incluso había prisioneros alemanes.

Cuando llegamos, nos sentimos aliviadas de ver que, aunque era un campo de concentración, no había evidencia de hornos ni de cámaras de gas. Ese alivio nos duraría hasta conocer al nuevo comandante. Estábamos ciertamente alegres de ver que Jäschke, el comandante que había estado con nosotras en la marcha se iba para siempre. El nuevo jefe supremo, Alois Dörr, era igual de cruel y encontró maneras de torturarnos por la más mínima «ofensa».

Inmediatamente después de haber llegado, nos dejaron completamente desnudas, nos sacaron toda la ropa y las posesiones que llevábamos, solo conservamos los zapatos. Hacía ya mucho tiempo que había perdido la caja con fotos que recuperé de mi casa en Częstochowa. Sin embargo, logré quedarme con una pequeña imagen de mi madre y yo. La doble en cuatro partes y la metí en la punta de mi zapato. Todavía la conservo y es la única foto que me quedó de mi familia. Ahora sé que estos sujetos crueles no querían que tuviéramos fotos de nuestros seres queridos.

Una de las otras niñas logró quedarse con varias fotos, en el momento en que nos quitaron todo. Algunos días después, se escabulló detrás del barracón para mirarlas, pero un prisionero no judío la vio. Les avisaron a los guardias y rápidamente vinieron por ella. La obligaron a estar de pie en el frío durante 24 horas. Le tiraban agua, cada alguna hora, para que el frío fuera insoportable. ¿Cómo pueden los seres humanos convertirse en animales tan crueles? Ella no escondía oro ni dinero. No escondía joyas ni siquiera comida. No estaba escondiendo un arma. ¡Solo quería conservar recuerdos preciados de su familia!

De alguna manera, lo sobrevivió y también sobrevivió la marcha y emigró a América. Aunque conocía el potencial castigo de conservar una foto, estaba decidida a no irme sin ella. Corrí el riesgo y afortunadamente nunca me descubrieron.

Al llegar a este nuevo campo, nos mantuvieron de pie desnudas en el frío, mientras nos preguntábamos si nos devolverían nuestra ropa. Al principio, no sabíamos por qué nos la habían quitado. Nos mantuvieron de pie por horas. ¿Estaban tratando de congelarnos hasta la muerte? Más tarde aquel día, nos trajeron otras prendas para que usáramos, no nuestra ropa, sino que algunos retazos de tela que tenían almacenados. Nos enteramos de que nos habían sacado la ropa para hervirla y fumigarla para quitarle los piojos y otros gérmenes, pero no nos la devolvieron. En su lugar, nos trajeron estos jergones que habían sacado de quién sabe dónde. Creo que esa ropa también había sido hervida para desinfectarla, porque cuando nos la entregaron estaba todavía húmeda. Debíamos ponernos ropa mojada en ese tiempo helado.

Nos dividieron en dos grupos y nos pusieron en diferentes barracones. A algunas de las mujeres que se habían enfermado, las llevaron a una enfermería. Nos enteramos de que no las habían tratado de ninguna manera —no les dieron medicinas, no curaron sus heridas y tampoco les dieron comida adicional. Solo las separaron del grupo para que no transmitieran enfermedades.

Los barracones que nos asignaron no tenían literas y el suelo no tenía revestimiento. Todo estaba sucio y con una cantidad mínima de paja esparcida por allí. Los barracones no estaban calefaccionados, no tenían letrinas ni ningún tipo de instalación. Por la noche, atracaban bien las puertas de los barracones para que no pudiéramos salir. En la entrada del edificio había dos cubos para que pudiéramos hacer nuestras necesidades. Solo dos cubos para varios cientos de mujeres. No es difícil imaginar la inmundicia y el hedor que resultaba de aquella situación. Y muchas de las jóvenes habían contraído disentería, lo que agravaba el problema. Como si aquello fuera poco, los guardias vendrían en la mañana, verían el desastre ocasionado por el excremento y comenzarían a golpearnos con furia y a llamarnos con las palabras más desagradables que se les ocurrían.

La comida en Helmbrechts era la peor que habíamos recibido en cualquiera de los campos. Algunos días, no recibiríamos comida en absoluto. Y cuando nos daban algo, era solo porciones escasas. Generalmente, nos darían algo de sopa, pero era como tomar agua sucia de fregar platos. De hecho, no me sorprendería que usaran esa agua para hacer la sopa. Si teníamos suerte, tendría algunas hojas de repollo flotando por encima. No nos daban pan todos los días, pero cuando nos daban, era un trozo tan pequeño que no nos saciaba para nada.

Cada día, nos harían estar de pie para el pasaje de lista en tres momentos diferentes. Alargaban los recuentos lo más que podían para torturarnos aún más. Algunas veces duraba más de dos horas. Teníamos que permanecer absolutamente quietas y en silencio sin importar el clima. El tiempo era esporádico y diferente para aquellos prisioneros no judíos. Lo único bueno de estar allí era que no nos hacían trabajar.

Estábamos contentas de no tener que hacerlo, pero la espera en tal incertidumbre era casi dolorosa, al menos mental y emocionalmente. Nunca sabíamos cuándo llegaría el siguiente intento de seguir degradándonos. Más de una vez, nos ponían de pie en los barracones mientras dejaban caer agua helada sobre nosotras desde el techo.

Cada mañana, encontrábamos mujeres que habían muerto mientras dormían. Y cada mañana, arrastraban carretillas oxidadas para sacarlas de allí y llevárselas. Algunos días eran tantas. Otros días, algunas pocas. Pero cada día, perdíamos niñas.

El campo estaba rodeado de cercas altas con navajas afiladas y alambre de púas bien extendido en la parte superior. Una cerca electrificada corría de forma paralela justo dentro de las cercas principales. Eso siempre me resultó irónico. Las prisioneras allí eran mujeres que estaban débiles, enfermas y exhaustas y, aun así, parecían creer que necesitaban fortificaciones como para detener al más fuerte de los hombres.

Estaríamos allí por casi cinco semanas. Cada una de las sobrevivientes que conocí dijeron que esta fue la peor parte de nuestro calvario —como dijo una de ellas: «cinco semanas en el infierno». Día tras día nos humillaban y deshumanizaban. Esperábamos la muerte, rogábamos morir. A muchas de nosotras se le cumplió aquel deseo.

Un día, después de varias semanas allí, oímos aviones a la distancia. Todas corrimos para verlos. El bramido se volvía cada vez más fuerte y pronto estaban justo encima de nosotras. ¡Eran aviones americanos! Una vez más, al igual que en Dresde, dábamos gritos de júbilo y esperábamos que nos lanzaran bombas. Pensábamos: ¡por favor, destruyan este mal, por favor! ¡Redúzcanlos a escombros y arrasen también con nosotras! Pero no cayó ninguna bomba. Los aviones se fueron rápido de nuestra vista. Estábamos desilusionadas de que nuestra miseria no hubiera llegado a su fin, pero sabíamos ahora que los Aliados se estaban acercando y que pronto acabaría esta historia de terror.

Algunos días después, otro escuadrón de los aviones aliados regresó. Una vez más, corrimos afuera para alentarlos. Para nuestro asombro, vimos que tiraban algo mientras avanzaban, pero claramente no eran bombas. Sobre nosotras volaban miles y miles de panfletos. Lanzados a tierra como pájaros planeando en el viento. Esperamos a que cayeran, pero los guardias nos obligaron directamente a entrar a los barracones y trancaron las puertas antes de que tocaran el suelo. Creo que algunas de las niñas, después de un tiempo, los encontraron, pero no podían entender las palabras en inglés allí escritas. No sabíamos qué nos estaban tratando de comunicar con aquel mensaje, pero nos alegraba que esto haya hecho entrar en pánico a nuestros captores. En algunos días, nos pondrían a marchar de nuevo. Lejos de este infierno, pero ¿qué nos esperaba al otro lado?

DEVUELTA EN LA MARCHA. A NEUHAUSEN
FEBRERO 1945

Sabíamos que las fuerzas americanas se nos estaban acercando. Y, por supuesto, nuestros captores también lo sabían. Finalmente llegó el día de partir, pero ahora no partiríamos solo nosotras. El campo entero sería evacuado, los soldados aliados pronto lo invadirían.

Los guardias nos devolvieron la ropa que nos habían quitado cuando recién llegamos. Me parecía extraño, ¿por qué se habían quedado con nuestras prendas por tanto tiempo? Probablemente era otro intento de humillarnos. La que habíamos usado las últimas cinco semanas no nos quedaba y se nos veía ridícula. Algunas sentían que era una señal de que ellos estaban comenzado a temer la impresión que tendrían los americanos, si nos invadían, al vernos con estas ropas raras. No lo sé, pero era bueno volver a usar mi ropa, incluso si se veía harapienta o deshilachada, además ahora estaba limpia.

Nos pusieron en hileras en el patio y pasaron lista. Noté que esta vez había sido mucho más rápido que las primeras veces al comienzo de la marcha. No sé cuántas mujeres habían quedado, pero ahora éramos unos cientos —de las 1000 que comenzamos.

Cuando terminó el recuento, el comandante Dörr salió para hacer un anuncio. Nos dijo que el mayor enemigo de Adolf Hitler estaba muerto. Franklin D. Roosevelt, el presidente de los Estados Unidos, había muerto. Enfatizó que este sería el destino de todos los enemigos del *führer*. Estoy segura de que nos incluyó en ese grupo. Los empleados del campo pronto se unirían a nosotros en las filas. Las puertas se abrieron y marchamos a través de ellas bajo la lluvia, dirigidos por el comandante.

Lili, Halinka y yo tratábamos de consolarnos la una a la otra. Ni siquiera estábamos a una hora de distancia del campo, cuando escuchamos un disparo detrás de nosotras. Una de las niñas no pudo continuar caminando y un guardia la asesinó cuando cayó al suelo. Dejaron su cuerpo en el camino y continuamos marchando. «Manténganse fuertes y no se den por vencidas», les dije a mis amigas. «Podemos sobrevivir ahora que los americanos están cerca».

Un rato más tarde, dos niñas se quedaron atrás. Un guardia de las SS les gritó y al no recibir respuesta de ellas, se las llevó al bosque. Algunos segundos después se escucharon dos disparos. Un poco más adelante en el camino, les dispararon a dos prisioneras que se desplomaron en el suelo. Lili, Halinka y yo resolvimos ayudarnos entre nosotras para seguir con el ritmo. Pero Halinka se deterioraba con rapidez y se le hacía difícil continuar.

La lógica que usaban estos asesinos para decidir quién viviría y quién no era imposible de determinar. Por supuesto, la lógica de los locos es imprevisible. En el momento que nos fuimos de Helmbrechts, el número de jovencitas en la «enfermería» había disminuido considerablemente, pues sucumbían a la muerte. Asumimos que las dejarían morir en el campo. Pero en lugar de dejarlas allí para que las descubran los soldados americanos o de llevarlas con nosotros y que atrasaran la marcha, el comandante dio la orden de transportarlas en un camión a un pueblo cercano. Al mismo tiempo, dispuso una carreta tirada por un tractor para que acompañase a las filas, en caso de que alguien se enfermase o se volviese muy débil para caminar. A pesar de esta disposición, a menudo los guardias simplemente ejecutaban a aquellas que no podían continuar. No tenía ningún sentido para nosotras.

El tiempo continuó empeorando ese primer día. Aquella noche llegamos a Schwarzenbach. Nos llevaron a un patio vallado justo a las afueras del pueblo. Las prisioneras enfermas que habían sido trasladadas en camión desde Helmbrechts ya estaban allí. Nos establecimos en un campo abierto para pasar la noche. Nunca intentaron proveernos refugio. No nos dieron comida, ni siquiera a las jóvenes enfermas. Teníamos dolores por el hambre y estábamos agotadas por el cansancio. La noche se volvía más fría a cada minuto.

Unas horas después de haber llegado, los guardias comenzaron a reunir a las mujeres enfermas para llevárselas. ¿Qué sucedería con ellas? Esperábamos, sobre todo, que les disparasen. No estoy segura de cuentas había, pero supuse que había algunas docenas. Se llevaron a las mujeres. A aquellas que estaban tan débiles como para caminar, las arrastraban, mientras mirábamos la escena con terror. Para nuestro alivio, luego nos enteramos de que el alcalde del lugar había dispuesto que durmiesen en un edificio cercano, protegidas de la intemperie.

La mañana siguiente nos despertamos y encontramos muchos cuerpos en el suelo. La combinación de la lluvia temprano aquel día, la falta de comida y el frío viento nocturno hicieron de aquella noche una de las más mortales de la marcha.

Comenzamos a marchar de nuevo sin comer. Desde Helmbrechts marchamos hasta el sudoeste, pero ahora nos estábamos moviendo directo hacia el este, a Checoslovaquia. Podíamos ver con mucha claridad que nos estaban llevando a las montañas. El terreno pronto se volvería empinado y escabroso. Y el frío se intensificaría.

Aquella tarde llegamos a Neuhausen. Un largo camino, más mujeres colapsaban y no podían mantener el ritmo, entonces les disparaban insensiblemente. ¿Qué clase de locura se había apoderado de estos asesinos? ¿No las podrían haber llevado en la carreta? Una vez más, nos hicieron dormir en la intemperie y no nos habían dado comida desde que nos fuimos de Helmbrechts. Si esto continuaba así, no habría duda de que todas nosotras pronto terminaríamos muertas.

Nos enteramos después de la guerra de que, mientras estábamos en Neuhausen, Dörr había recibido órdenes de sus superiores en las SS de dejar de asesinar y lastimar a aquellas en la marcha. La orden le advirtió que los americanos estaban cerca y que pronto lo alcanzarían. Le dijeron que estaban teniendo lugar negociaciones para una tregua y que debía prepararse para liberarnos a todas y dejar que los americanos tomen nuestra custodia. También se le ordenó destruir toda la documentación relacionada con su campo de concentración.

Dörr ignoró la orden.

A CHECOSLOVAQUIA SIN COMIDA
MARZO 1945

La insensatez de esta marcha no se puede explicar con facilidad. Su naturaleza maligna y los cientos de asesinatos cometidos en el camino bastan para declararla absurda. No parecía haber ningún motivo razonable, ni militar ni político. ¿Por qué estas tropas entrenadas de las SS nos forzarían a caminar una marcha en la que ellos también se pondrían en riesgo? ¿Por qué Dörr se negó a seguir las ordenes de terminar con esto? Después de habernos dado cuenta de lo cerca que estaban los americanos y de lo mal que les estaba yendo a los alemanes en la guerra, mi teoría parecía aún más verosímil. Este era su plan para escapar de ser enviados a luchar al frente, lo que estaba cada vez más cerca con el paso de las horas.

No estaban para nada reacios a matarnos. ¿Por qué simplemente no nos asesinaron y acabaron con esto? Hubiera sido la solución más fácil y menos problemática. Aunque se mantuvieran alimentados y bien abrigados, tampoco era una marcha fácil para ellos. La mayoría de los días hacía mucho frío y el tiempo estaba húmedo. El terreno en gran parte era montañoso. Y como habían decidido tomar rutas menos transitadas para evitar la interacción con la gente en los núcleos poblacionales, las rutas eran irregulares y estaban en mal estado. Si esta tarea se les hubiera terminado, ¿qué más habrían tenido para hacer? Los alemanes ya estaban reclutando a niños para que tomen las armas en el frente. Si la marcha no continuaba, no había duda de que a estos soldados se les habría ordenado luchar.

No todos los guardias creían que permanecer en la marcha les sería conveniente. Fue aquí, en Neuhausen, que algunos de los soldados de las SS se hartaron. Después de haber desobedecido las ordenes de abandonar la marcha, Dörr sintió que debía irse de Neuhausen tan pronto como fuera posible. Sabiendo que las fuerzas aliadas estaban muy cerca, dio la orden de continuar con la marcha aquella noche, al abrigo de la oscuridad. Mientras nos preparábamos de nuevo para empezar a caminar, se desató el caos. Un grupo de mujeres de las SS sacaron provecho de la situación y se escaparon en la noche. Algunas de las prisioneras también aprovecharon la confusión y corrieron hacia un bosque cercano. Los testimonios después de la guerra indicaron que unas 50 mujeres judías intentaron escapar y que solo 7 de ellas fueron atrapadas.

El resto de nosotras, muy enfermas y débiles —o demasiado asustadas— como para intentar correr, comenzamos a marchar de nuevo en la noche fría y oscura. Es imposible entender cómo logramos sobrevivir aquel momento, tropezando a ciegas por el camino, débiles y hambrientas. No habíamos comido por varios días. No habíamos dormido la noche anterior. Finalmente, vimos la luz del día y llegamos a una pequeña aldea llamada Neuenbrand. Desde allí cojeamos hasta el pueblo de Haslau. Nos dejaron descansar en una granja por algunas horas, pero todavía no nos daban nada de comer.

El granjero dueño de aquellas tierras les solicitó a los guardias de las SS que lo dejaran llevarse algunas de las prisioneras más débiles a una fábrica cercana. Nunca supe si las curaron o cuidaron de ellas. Quizás los guardias estaban contentos de librarse de las que entorpecían el progreso de la marcha y las dejaron allí para que muriesen. De cualquier forma, su odisea infernal había terminado. Las envidié.

Luego de un pequeño descanso, comenzamos a marchar de nuevo. Atravesamos un par de aldeas pequeñas y finalmente llegamos a una granja en Hoeflas. Pasamos la noche en el granero y el establo de la granja. Esta fue la primera noche, en un largo tiempo, en la que tuvimos un refugio. Dentro de estos edificios había forraje para los animales. Algunas mujeres estaban tan hambrientas que se lo comieron. Aun con el hambre intensa que tenía, no me atreví a hacerlo. Muchas se enfermaron luego. Más tarde aquella noche, el granjero, con otros vecinos, nos trajeron patatas hervidas para comer. Fue la primera comida que habíamos probado en varios días.

A la mañana siguiente, volvimos a marchar hasta Bukwa. En el camino, una de las mujeres trató de escapar, cuando llegamos a un arroyo en un pequeño valle. Supuse que creyó que podía cruzarlo y huir hacia un bosque cercano. Cruzó el arroyo, pero un guardia de las SS les disparó tres veces. Esta fue el primer asesinato desde que Dörr dio la orden de cesar los disparos a las prisioneras. Pero no sería el último.

Más tarde aquel día, llegamos a Bukwa y acampamos en un prado. Como había mencionado antes, recordaba los lugares por la comida que nos daban (o por si no nos daban). Incluso cuando era mala, lo que ocurría la mayoría del tiempo, me aliviaba el dolor punzante del hambre. Aquí en Bukwa, nuestros captores hicieron algo muy inusual, le ordenaron al panadero local que nos diera algo pan. Nos trajeron montones de hogazas y las devoramos antes de irnos a dormir.

A la mañana siguiente, estábamos marchando de nuevo hacia el pueblo de Zwodau. Cuando llegamos, nos llevaron a un campo de concentración. Para nuestra sorpresa, había algunas mujeres aquí que se habían quedado en Grünberg porque estaban gravemente enfermas como para caminar. Otro grupo de mujeres que se habían enfermado mucho en Rehuas también estaban aquí. Ninguna recibió tratamiento médico. Nuestros captores solo las retenían hasta su muerte. Estas mujeres se nos unieron cuando abandonamos Zwodeu.

Después de la guerra, en el juicio a Dörr se reveló que intentó hacernos marchar desde Zwodau hasta Dachau, el tristemente célebre campo de exterminio en Bavaria. Cambió de idea luego de enterarse de que los americanos ya habían tomado Dachau. Se propuso llegar a Austria donde, él creía que, una fortaleza en la montaña había sido creada para que los soldados retirados y simpatizantes nazis escapasen de la arremetida de los aliados. Cuando finalmente nos fuimos de Zwodau, nos dirigimos hacia aquella dirección. Pero a partir de ahora, él se volvería más errático e impulsivo a la hora de decidir la dirección que tomaría la marcha. Esto significaría a la vez una bendición y una maldición para aquellas de nosotras condenadas a seguir caminando.

Al día siguiente de haber llegado a Zwodau, no nos obligaron a marchar. Un descanso necesario y no mucho más. Todavía no nos alimentaban. Muchas jovencitas morirían aquí antes de que empecemos a marchar de nuevo. Al otro día comenzamos a caminar hacia el sur, a Austria. Dörr estaba impaciente por evitar el frente del oeste, por donde los americanos estaban avanzando. También quería evitar ciudades muy grandes, ya que allí podría encontrar algún tipo de resistencia. Para llegar a Austria, tendríamos que marchar a través de Checoslovaquia. Dörr estaba con razón preocupado de que, estas alturas de la guerra, los checos no estuvieran tan complacientes. Como consecuencia, nuestro camino a lo largo de la frontera con Checoslovaquia y Alemania se volvió tortuoso.

Marchamos aquel día desde Zwodau hasta Falkenau y de allí a Lauterbach. En Lauterbach, el alcalde había dispuesto un lugar para que durmiesen los soldados alemanes en retirada. Cuando llegamos, el alcalde le dijo a Dörr que los soldados no se habían presentado y que él podía usar ese espacio para albergar a las prisioneras y a las demás personas en la marcha. Dörr estaba encantado, pero no porque quisiera tener un lugar cómodo para las prisioneras. En su lugar, tomo la sala que habían llenado de paja a modo de lecho, y colocó a sus guardias y a otros empleados allí. A nosotras nos enviaron a un campo de deportes cercano a pasar la noche. Una vez más, estábamos a la intemperie y no habíamos sido alimentadas. Para empeorar aún más la situación, el clima se volvió muy frío y comenzó a llover. Nos acurrucamos durante toda la noche, tratando de buscar un poco de calor en esas condiciones extremas. Quejidos y gemidos pudieron oírse durante toda la noche. En la mañana, otra docena más de mujeres habían muerto.

Al día siguiente, marchamos un poco más. El hecho de que todavía algunas de nosotras estuviéramos vivas, luego de aquellos días tan difíciles, me dejaba atónita. Aquel día, marchamos a través de varios pueblos cuyos nombres no puedo recordar y probablemente nunca supe. En cada pueblo, perecían más jovencitas. Después de la guerra, muchos testigos salieron a contar la historia de las niñas que habían muerto en sus pueblos. A veces, se podía determinar, de alguna manera, sus nombres, pero en la mayoría de los casos sus identidades permanecían desconocidas. Nuestros captores, con frecuencia, dejaban los cuerpos pudrirse en el camino, no se molestaban en enterrarlas. Mucha gente de aquellos pueblos, les daban digna sepultura, después de que Dörr y sus secuaces se hubieran ido.

En la tarde, llegamos a un pueblo llamado Sangerberg y la gente vino para ver este terrible espectáculo. Mientras nos miraban fijamente, algunas de las mujeres que eran transportadas en las carretas les rogaban a los residentes que les dieran comida. Muchas personas contestaron sus plegarias y les trajeron pan. Pero las guardias que estaban paradas cerca de ellas los ahuyentaban. Otro guardia golpeaba a las mujeres que lloraban por comida con la culata del rifle. Otro las amenazaba con dispararles. Una de las guardias tomó el pan y lo tiró a unos pollos que estaban cerca, en lugar de dárnoslo. Luchaba por entender cómo esta gente se había vuelto tan cruel. ¿Qué les ocurría en la mente para tener la sangre tan fría?

No acabamos de marchar aquel día. Dejamos Sangerberg y llegamos a Hammerhof. Allí nos dieron un refugio en el establo de una granja para que nos quedáramos durante la noche. Una vez más, no nos dieron de comer. Los siguientes días fueron como un *deja vu*. Cada día, marchábamos alrededor de 10 kilómetros, y cada día, llegábamos a una aldea o pueblo nuevo y nos quedábamos en los establos de las granjas locales. A veces, nos alimentaban y a veces no. En un par de ocasiones, durante aquella semana, los aldeanos nos trajeron sopa y patatas. Parecía no haber un motivo razonable por el que nuestros captores a veces nos dejaban aceptar comida, pero otras veces tomaban medidas extremas para evitar que la recibiéramos. En unos pocos días, presenciaríamos una escena asombrosa; la gente desafiaría a los guardias de las SS para darnos comida.

UN RECIBIMIENTO DESAFIANTE DE LOS CHECOS
ABRIL 1945

Hacia finales de abril de 1945, el tiempo se volvía cálido. Ahora, nuestro mayor riesgo había dejado de ser la congelación para pasar a ser la hambruna. Cada noche, morían más mujeres. A veces, solo algunas, otras docenas o más. No todas morían de hambre, había otras causas como la fiebre tifoidea, el tifus, la gangrena, pero como pasábamos mucho tiempo sin ser alimentadas, el hambre era, generalmente, la razón principal.

Dejamos Hammerhof y, por los siguientes días, marchamos a través de varias aldeas y pueblos. Hay muchos detalles de este periodo que no puedo recordar. Todo parece mezclarse. Un par de días llovió mucho y hubo tormentas eléctricas a nuestro alrededor. Aquella noche dormimos en establos, pero muchas de las que se empaparon por la lluvia no lograron sobrevivir. Una de las dueñas del establo intentó traernos algo de comida, pero los guardias de las SS se lo prohibieron. Por la mañana, nos dieron salvado y agua caliente que habían mezclado en un comedero para animales antes de servírnoslo.

El día después fue uno de los más peligrosos desde Dresde. Mientras marchábamos, algunos aviones aliados comenzaron a acercarse. Podíamos escuchar los motores a la distancia. El sonido se volvía cada vez más fuerte y se hizo evidente que pronto estarían encima de nosotras. De repente, uno de ellos descendió en picado sobre nuestra fila y abrió fuego. Las balas estallaron a nuestro alrededor y pegaron contra el suelo. Varias jóvenes colapsaron y murieron en el acto. Otras resultaron heridas y de alguna forma sobrevivieron al ataque, sin embargo, no recibieron atención médica. No recuerdo si algún guardia fue asesinado.

El ataque aéreo mató a dos caballos que tiraban de las carretas que llevaban provisiones para los guardias y a las prisioneras muy enfermas como para caminar. Varias muchachas que estaban cerca de los caballos rasgaron la carne de los cadáveres y la comieron. Fue una escena lúgubre y nauseabunda de ver.

Uno o dos días después, cruzamos la frontera hacia Checoslovaquia. Se volvía cada vez más frío al subir las montañas. La nieve cubría el suelo que nos rodeaba. La subida empinada era otra dificultad que se le sumaba a la marcha. Sin embargo, el recibimiento que nos dieron los checos renovó mi esperanza y fe en la humanidad.

A medida que nos acercábamos al pueblo de Domazlice, los aldeanos venían a vernos marchar. Nos sorprendió ver que estaban vestidos con ropas festivas de colores, típicas de la región eslava. Por qué estaban vestidos así, no lo sabíamos, quizás era un domingo o un día festivo. De cualquier manera, no parecía que usaran esos trajes a diario. A la imagen de los sombreros hermosos, vestidos, las faldas de las mujeres y las camisas y pantalones de los hombres la tengo grabada con intensidad hasta hoy en la memoria. Sobre todo, por la situación sorprendente que ocurrió después.

Algunos los aldeanos comenzaron a mirar con desdén y a abuchear a los guardias de las SS. Sus insultos iban en aumento hasta volverse cacofónicos. De repente, la gente salió de las tiendas y de las casas que se encontraban sobre el camino. Nos traían todo tipo de comida —pan, carne, queso, leche, patatas, huevos y más— y comenzaron a lanzarla hacia nosotras.

Muchas de las niñas rompieron fila para correr y tomar la comida. Los guardias les alertaron con tiros al aire y les gritaban que volviesen a formarse. Le ordenaron a la gente que se retirara. Muchas de las jóvenes les obedecieron porque temían que les dispararan. Pero la gente del pueblo les gritaba aún más fuerte a los soldados y siguieron lanzando comida. Las personas se negaron a obedecer y los gritos de los guardias no pudieron detenerlos. Afortunadamente, decidieron no usar sus armas para intervenir y nosotras pudimos coger la comida y comerla.

Dörr estaba ahora decidido a volver de la frontera con Checoslovaquia y alejarse de cualquier otro recibimiento hostil. Nos ordenó seguir marchando y retomar el ritmo. Avanzamos hacia un pueblo llamado Mraken, aún dentro del territorio checo. Una vez más, los pueblerinos salían a darnos comida. Esta vez los guardias no hicieron nada, pero nos empujaban con fuerza para que siguiéramos avanzando hacia fuera del pueblo lo más rápido posible.

Fue una escena increíble. No solo por la comida que nos lanzaba la gente de ropas coloridas, sino que también por la reacción de mis compañeras. Estábamos tan hambrientas que nos tirábamos de cabeza por la comida. No habíamos visto tanta de una sola vez en años. Aun así, algunas peleaban por migajas de pan, a pesar de que había hogazas enteras en el suelo para recoger.

Ese día me quedaría en la mente por el contraste de actos humanos que se demostraron. Atestigüé la compasión de la gente que arriesgaba su vida por darnos la comida que probablemente necesitaban con desesperación durante esos días oscuros. Incluso hasta hoy, me conmuevo al pensar en la amabilidad que nos demostró la gente aquel día. Todavía puedo sentir el estupor y el enojo que me invadieron cuando mis propias compañeras me quitaron la comida de las manos. Estoy segura de que parecíamos gaviotas o ardillas o ese tipo de animales, peleando entre nosotras por las sobras de comida. Los nazis querían vernos comportándonos así para validar la creencia de que éramos seres infrahumanos.

Su crueldad nos enloquecía. Ningún ser humano sería capaz de comportarse de otra manera, después de haber sido sometido al terror y la privación de derechos que nosotras habíamos sido sometidas, no por días o por meses, sino por años.

Pagaríamos el precio por sucumbir a la desesperación. Había tanta comida que nos atracamos. Ahora no estábamos en peligro por la falta de comida, estábamos en peligro por haber ingerido demasiada. Después de haber pasado tanta hambre, comer demasiado podría matarte más rápido que la hambruna, pero se nos hacía muy difícil resistirnos. Casi todas nos enfermamos e incluso algunas de las mujeres murieron.

El día siguiente fue uno de los más largos de la marcha. Se sintió como si hubiésemos avanzado el doble que los días anteriores. Nos fuimos de Checoslovaquia. Volvimos al lado alemán sobre la frontera en Bavaria. Aquella noche la pasamos en un vergel y el frío era insoportable.

Al atardecer, nos dieron algo de sopa que prepararon los aldeanos de un lugar cercano. Cuando llegaron, algunas prisioneras corrieron para que les sirvieran primero. A pesar de que todavía sufríamos el atracón que nos habíamos dado el día anterior, nos dolía el estómago de hambre. El caos se desató nuevamente. Las jóvenes se empujaban y apretaban para recibir un poco de sopa. Los guardias nos gritaban, empujaban y golpeaban tratando de mantener el control, pero estábamos tan hambrientas que no podían acallar el alboroto.

Dispararon al aire. Al oír la conmoción, Dörr apareció en escena. Se podía ver y escuchar su enojo, daba gritos de orden, pero todas lo ignoraban. Continuaron empujándose para recibir comida. Al final, les exigió a los guardias que se llevaran la sopa. Llantos y gritos llenaron el lugar, se estaban dando cuenta de que, aquella noche, no recibiríamos nada. La comida nunca regresó. Hasta temprano en la mañana, oí los quejidos y sollozos de las jovencitas hambrientas y enfermas. Muchas más perecieron durante esa noche fría y oscura.

ADIÓS, MI QUERIDA HALINKA
ABRIL 1945

Al día siguiente, después de haber marchado a través de varios pueblos y aldeas, nos detuvimos a descansar un rato. Los guardias les permitieron a algunos aldeanos traernos pan y patatas. La mayoría de nosotras padecía indigestión por la cantidad de comida que habíamos devorado. Pero todavía sufríamos hambre, solo que ahora también teníamos dolores intestinales por haber comido en exceso. Nos aquejaba la diarrea y los vómitos y estábamos constantemente excretando uno o lo otro. No nos permitían detenernos para hacer nuestras necesidades. Era espantoso ver la inmundicia y la miseria de nuestra ropa defecada.

La mayor parte de la marcha desde Helmbrechts, viajaba, por lo menos, una carreta con nosotras para llevar a las prisioneras que dejaban de caminar. Sin embargo, no tenía suficiente espacio para todas. Las amigas se unían para arrastrar o cargar a sus compañeras y así evitar que les dispararan, golpearan o las dejaran morir en el camino. Lili y yo llevábamos a Halinka, que se ponía más débil con los días. Nos preocupaba que no soportara mucho tiempo más. Colocamos sus brazos sobre nuestras espaldas y de alguna manera reunimos fuerzas para trasladarla con nosotras. No era posible subirla a la carreta porque ya estaba repleta de gente.

Luego de que tantas niñas se enfermaran por comer, Dörr se dio cuenta de que tenía que conseguir más carretas para acelerar el ritmo de la marcha. Nos estaban alcanzando las fuerzas americanas, en lugar de las rusas. El comandante les ordenó a los pueblerinos que trajeran carretas para trasladar a las prisioneras. Muchos obedecieron y pronto teníamos varias más acompañándonos en la marcha. Halinka finalmente pudo subir a una, en vez de que Lili y yo la cargáramos.

El terreno se volvía empinado. Ya había sido bastante difícil marchar en suelo plano. Ahora, mucho más debilitadas, teníamos que ir cuesta arriba. En unos pocos días, escalamos casi 500 metros de altura. El tiempo empeoraba rápidamente a medida que ascendíamos. Una mezcla de nieve y lluvia comenzó a caer y nos empapábamos de nuevo. Temblábamos descontroladamente.

Por días, tuve los pies muy fríos y estaba perdiendo el sentido del tacto; sabía que se estaban empezando a congelar. De alguna manera, logré caminar con un pie encima del otro, aunque se sentía como caminar sobre alfileres. Con cada paso la nieve se hacía más profunda y el camino lodoso. Era imposible no pisar los charcos de agua semi congelados. Sabía que estaba cerca de morir, si no recibía ayuda.

El comandante había ignorado en su mayoría la orden de dejar de matar prisioneras. Los informes en el juicio a Dörr establecieron que más de 50 mujeres fueron asesinadas luego de que emitieran la orden. Estaba reacio a alentar asesinatos, pero no hizo mucho para evitar que los guardias de las SS mataran. Varios de ellos parecían no compartir su reticencia y eran rápidos en resolver con una pistola el problema que les significaban las prisioneras débiles o las que trataban de escaparse.

Nos ponía contentas que ahora Halinka estuviera en una carreta, ya no tuvimos que preocuparnos de que muriera a manos de uno de estos monstruos. Su estado empeoraba con el paso de las horas. Noté que su brazo derecho estaba enormemente hinchado, como si estuviera por explotar. Se le estaba apagando la respiración y los ojos se le tornaron vidriosos, tenía la piel pálida y cenicienta y se le había caído mucho pelo. Con el tiempo, dejó de respondernos.

Lili caminó al lado de la carreta para ir observando a Halinka. No les pude seguir el ritmo porque me dolían los pies, cojeaba alejándome cada vez más de ellas. Lili trató de darle algo de agua o un poco de comida que habíamos guardado, pero tristemente ya no podía comer.

Lili saltó dentro de la carreta y tomó a Halinka en sus brazos. Las miraba desde atrás, la carreta se sacudía de un lado a otro mientras avanzaba en la fría y húmeda tarde. Las demás prisioneras que estaban sobre la carreta parecían ajenas a la terrible situación. Estaban todas cerca de morir, como Halinka.

Después de un rato, me di cuenta de que Lili venía hacia mí. Sabía que no era una buena señal. Se puso a mi lado y acomodó mi brazo sobre su espalda para ayudarme y sacar algo de presión de mis pies. Una lágrima le corría por el rostro. No pudo decirme nada. Igual, no necesitaba decir nada. Sabía que Halinka estaba finalmente en paz.

La carreta no se detuvo. No nos detuvimos. Nos mantuvimos marchando. Nadie se dio cuenta de que nuestra amiga había muerto. Ni la gente en la carreta, ni nuestros captores. Solo Lili y yo lloramos su muerte, pero incluso nosotras lo hicimos en silencio.

Los padres de Halinka le habían enviado un abrigo hermoso color azul Klein mientras estábamos en Bolkenhain. Era su posesión más preciada y la había ayudado a sobrevivir al gélido frío. El abrigo no tenía capucha, así que Halinka no tenía nada para cubrirse la cabeza. En Grünberg, Lili y yo decidimos hacerle una caperuza que combinara con el abrigo. La creamos a partir de un jersey que habíamos encontrado que encajaba con el cuello del abrigo. Tuvimos suerte de encontrar una tinta azul muy parecida al color original. Halinka estaba muy agradecida. Aquel abrigo evitó que se congelara durante los largos pasajes de lista en Grünberg. No mucho tiempo después de que Lili dejara a Halinka y se me uniera en la marcha, notamos que otra mujer estaba usando el abrigo de Halinka.

Prefiero recordar los actos de sacrificio y valentía entre nuestras compañeras. Fueron muchos, y me gusta pensar que fueron muchos más que las ocasiones en donde nos volvimos en contra de las otras para sobrevivir. No puedo decir con certeza que ese fue realmente el caso. Hubo veces que peleamos entre nosotras por migajas de pan, cuando estábamos al borde de la muerte por hambre. Hubo muchas ocasiones de robo de cosas que eran necesarias para mantenerse con vida. Los nazis nos mantenían en la desesperación para deshumanizarnos y quebrarnos psicológicamente. A veces funcionaba y sucumbíamos. Me indigna pensar en lo que pasó con el abrigo de Halinka, que se lo hayan quitado tan insensiblemente, pero no culpo a la mujer por haberlo tomado. Era una víctima más de esta táctica tan cruel. Nos entristeció ver que otra persona lo estaba usando, pero entendimos la desesperación de la mujer. Estoy segura de que Halinka hubiera preferido que alguien lo usara a que fuera desechado.

Me preguntaba qué pasaría con el cuerpo de Halinka. Deseábamos poder darle digna sepultura, pero no teníamos la posibilidad de hacerlo. La muerte nos visitaba cada día en la marcha. En solo tres meses, nuestro grupo se redujo de más de 1000 mujeres a unas 300. En cada parada, más mujeres morían o las abandonaban moribundas. A veces las sepultaban, pero mayormente no. Si lo hacían, era generalmente en una tumba poco profunda y sin marcar, y a veces en fosas comunes excavadas por sus compañeras.

Muchos años después de la guerra, me enteré de que Halinka había sido, en un principio, sepultada en una de esas tumbas superficiales a lo largo del camino en donde falleció. Pero algunos checos habían encontrado su cuerpo y la volvieron a enterrar en un cementerio conmemorativo para las víctimas que murieron en Volary y en otros pueblos cercanos. Allí hay una hermosa estatua que mira hacia las tumbas, conmemora a los cientos de prisioneras que murieron en la marcha.

¡POR FIN ESCAPAMOS!
MAYO 1945

El día que Halinka murió fue largo. Fue uno de los tramos más largos de la marcha. Habíamos cruzado la frontera de nuevo, de regreso a Checoslovaquia. Estábamos en la selva de Bohemia, un lugar reconocido por su belleza natural y sus aldeas idílicas y casas esparcidas por las laderas. Los profundos valles, las altas cumbres y los bosques oscuros, con frecuencia cubiertos de bruma y niebla, inspiraron la creación de historias de terror sobre bestias malignas, monstruos y dementes. Aquellos pertenecían a la ficción, pero ahora este bosque, inspirador de tantos cuentos, estaba realmente maldito. Estos nazis, bestias reales, monstruos y dementes narraron un cuento de terror difícil de igualar. Aun así, aparecerían indicios de que esta historia estaba pronta a acabar.

En los últimos dos días, nos encontramos con soldados alemanes que se retiraban del frente de guerra. Algunos marchaban con nosotras. Era una escena extraña. Dörr y sus guardias se volvían cada vez más nerviosos, porque se daban cuenta de que se nos acercaban los americanos. También nosotras lo sabíamos, pero estábamos tan débiles que no podíamos pensar en escapar. Simplemente nos arrastrábamos con la esperanza de que los americanos nos alcanzaran pronto.

Aquella tarde nos detuvimos en una granja y permanecimos en los establos durante la noche. Estábamos cerca del pueblo de Prachatice. En estas zonas más elevadas, el viento y la nieve se intensificaban. ¿Sería nuestro último golpe mortal? No recuerdo si nos alimentaron aquella noche. Aunque tenía mucha hambre, solo podía pensar en mis pies. Ya no sentía los dedos, los tenía literalmente congelados. Durante días, mis dedos estuvieron cambiando de color, de a verdes y ahora estaban negros. Tenía ampollas que supuraban pus. Me di cuenta de que pronto contraería gangrena, si no lo había hecho ya. Me costaba cada respiro y sentía como si me estuviese sofocando. Sabía que no podía dar un paso más. No dormí mucho esa noche. Esperaba con ansiedad la mañana con la esperanza de ver algo de sol para calentarme un poco los pies.

Al día siguiente, cuando nos ordenaron seguir marchando, le dije a Lili que no podía continuar. Me suplicó que reuniera un poco de fuerzas o, probablemente, me asesinarían. Le dije que, de todos modos, ya estaba al borde de la muerte, así que los guardias podían actuar. Le pedí que continuara sin mí, porque ella estaba en mejores condiciones. Decidí quedarme atrás y sufrir lo que me deparase el destino.

Lili pensó por un momento y dijo, «no te dejaré. Necesitas a alguien que te ayude o estoy segura de que morirás.» Ella estaba lista para sacrificarse por mí. Ambas estábamos seguras de que nos asesinarían si no continuábamos marchando. Cumplió con su palabra, a pesar de conocer muy bien el riesgo que asumía. Estaba tan agradecida por su amistad. Había sido la más fuerte y resiliente de nosotras tres. Si ella no hubiera arriesgado su vida por mí, yo no habría sobrevivido.

El grupo de prisioneras comenzaron a ponerse en filas y se prepararon para marchar una vez más. Lili y yo nos tomamos el tiempo y con cuidado nos movimos hacia atrás en el grupo. Estábamos cerca del límite con el bosque. Acordamos que cuando sea el momento justo, nos esconderíamos allí. Las prisioneras todavía no marchaban, entonces nos sentamos en el pasto, tan cerca del bosque como pudimos, sin que nos vieran.

Entonces dieron la orden de comenzar a marchar. Lili me tomó del brazo y se lo puso sobre la espalda. Me levantó junto con ella como si nos fuéramos a unir a las demás. Mientras esperábamos, mirábamos cuidadosamente para asegurarnos de que ninguno de los guardias nos estuviera viendo. Tan pronto como dieron vuelta la mirada, cojeamos hacia el bosque, agazapadas detrás de unos arbustos. Se me aceleraba el corazón y jadeaba en busca de aire.

Nos mantuvimos atentas, mientras las prisioneras avanzaban por el camino y les perdíamos de vista. Milagrosamente, nadie notó que no estábamos. Por lo menos por el momento. Traté de calmar mi respiración y relajarme, pero fue en vano. Esperamos por mucho tiempo, quizás un par de horas o más hasta que tuvimos la certeza de que nadie volvería a buscarnos. Habíamos escapado, pero ¿ahora qué? Estábamos en la intemperie, entre el frío y la nieve. No teníamos comida. ¿Qué nos mataría primero? ¿El hambre, el congelamiento o, en mi caso, la gangrena? Sin la ayuda de algún aldeano, estábamos perdidas.

Los checos ya nos habían demostrado compasión, así que nos alegraba el hecho de que ahora estábamos aquí, en lugar de en Alemania. Estábamos en el país, pero no podíamos ver ninguna casa, aunque sabíamos que estábamos cerca de un pequeño pueblo. Ya en el camino, fuimos en dirección opuesta a la que habían tomado las prisioneras. Cuando digo «fuimos», me refiero a Lili y yo. Ella me arrastraba con mi brazo cruzado en su espalda.

Después de pasar una curva en el camino, vimos un par de casitas esparcidas a lo largo de la ruta. Todo estaba bastante tranquilo y en silencio. Como casi no podía caminar, decidimos que debíamos arriesgarnos a llamar en la primera casa que encontráramos. Mientras nos acercábamos, pensábamos en la historia que le contaríamos a la gente que vivía allí. Decidimos decir que nuestras casas habían sido bombardeadas y que nuestros padres habían sido asesinados. Solo nosotras habíamos sobrevivido y necesitábamos ayuda.

Cuando llegamos a la puerta, Lili dio un gran suspiro y golpeó. Después de un par de minutos, la puerta se abrió y una mujer se asomó por detrás. Nos miró con incredulidad, al ver el estado lastimoso en el que nos encontrábamos. Era como si hubiera visto dos fantasmas que volvieron de la muerte.

En un alemán chapurreado, Lili balbució nuestra historia poco convincente. No recuerdo cómo, pero ya habíamos determinado que la mujer era alemana. Había muchos alemanes en esta región de Checoslovaquia, ya que estaba muy cerca de la frontera. Y muchos habían sido alentados a establecerse aquí, después de que comenzara la guerra, como parte de la búsqueda de Hitler del *Lebensraum*, o "espacio vital", para la etnia alemana. Si era uno de ellos, significaría el final para nosotras. Probablemente, no estaría del lado de dos judías huyendo. No había duda de que ella ya había descartado la mentira que le dijimos al principio. Sabía exactamente de dónde veníamos.

Esperamos su respuesta, que probablemente solo le tomo pensar unos segundos, pero a nosotras nos parecieron años. Para nuestra sorpresa y alivio, nos invitó a pasar y nos condujo hacia la cocina. Dentro, vimos a varios niños que se asomaban cautelosos por detrás de la puerta, pero también con curiosidad. Nos dio pan y algunos huevos. Había muchos para coger, pero ya habíamos aprendido la lección, no íbamos a comer demasiado. Aunque estábamos hambrientas, hicimos lo que pudimos para comer despacio, un bocado a la vez.

Luego, desde un jarro puso agua en una jofaina. Primero, me la dio a mí y me dijo que me lavara. Me llevó a un cuarto con un espejo y dejó la jofaina en la cómoda que estaba enfrente. Me dio una toalla y se fue. Tomé un poco de agua y me la tiré en la cara. Nunca olvidaré la sensación que tuve en las manos al tocarme las mejillas. Lo único que sentí fueron huesos, era como tocar una calavera. De hecho, era eso lo que estaba tocando. Levanté la cabeza y me miré al espejo. Era la primera vez que veía mi rostro en semanas. Solo vi piel y huesos.

Todos vimos las terribles fotos de los sobrevivientes de Auschwitz y de los otros campos, después de que los liberaron. La gente que sobrevivió eran esqueletos andantes. Así me veía en aquel momento. Había una palabra específica que utilizaban para describirnos: *Muselmann*, que significa musulmán en yidis. Se usaba porque la gente en esa condición, con el tiempo, se volvía tan débil que todo lo que podía hacer era tirarse en la misma posición que usan los musulmanes cuando oran. ¿Cómo logré seguir caminando en esa condición, como un *Muselmann*? Todavía no encuentro respuesta a esa pregunta.

EL GRANJERO ALEMÁN
MAYO 1945

Después de haber escapado, la buena suerte estuvo con nosotras en nuestro primer intento de pedir ayuda. Habíamos comido un poco, nos habíamos lavado y también habíamos descansado del frío y de la nieve por unas horas. Mientras tanto, nuestra anfitriona alemana se volvía cada vez más nerviosa. Con las horas, nos pidió que nos fuésemos. Aún los americanos no habían tomado la zona y las tropas alemanas todavía seguían deambulando. Tenía miedo de que la atrapasen ayudando a escapar a dos prisioneras judías.

La entendimos y nos comenzamos a preparar para irnos, pero ¿a dónde? ¿nos acompañaría la suerte en la siguiente parada? Nos fuimos de la casa sin saber la respuesta a estas preguntas. En el camino, inspeccionamos de nuevo la zona. Conocíamos la ruta que nos llevaría de vuelta a la aldea que habíamos pasado anteriormente. ¿Sería sensato ir allí con la esperanza de encontrar a alguien que tenga compasión de nosotras? Lo discutimos por un rato. Finalmente, decidimos que tal vez sería mejor si nos manteníamos alejadas de las áreas muy pobladas y de la carretera principal. Nos habíamos encontrado con soldados alemanes mientras marchábamos, sin embargo, por ahora, no habíamos visto a ninguno. Si lo hacíamos, sabíamos que, probablemente, no acabaría bien.

Las montañas, de pendiente pronunciada y abrupta, se elevaban sobre el camino. Pensamos que estaríamos seguras allá arriba, donde no estaba tan poblado. Quizás podíamos encontrar una casa desocupada o aislada, lejos de los vecinos. En un lugar tan remoto como aquel, dedujimos que los ocupantes no tendrían tanto miedo de ocultarnos durante unos días, hasta que recobrásemos fuerzas. Encontramos un sendero que nos condujo hasta una ladera, asumimos que aquel camino sería, probablemente, más seguro que seguir la carretera. Comenzamos a escalar.

La comida me había dado algo de energía, así que pude mantenerme un poco más. De alguna manera, Lili seguía ayudándome a permanecer derecha. No sé de dónde sacaba la fuerza. Fue lento y arduo subir aquel terreno empinado. Tenía que detenerme para descansar a cada paso, pero tratamos de movernos con persistencia.

Después de varias horas, nos llegamos a alejar bastante de la carretera principal. Justo enfrente, pudimos ver una pequeña granja. Nos acercamos con cautela, parando de vez en cuando para evaluar la situación. Oímos pollos cacareando y una vaca soltó un mugido grave y melancólico. Una columna de humo se elevaba desde la chimenea. Nos ilusionaba la idea de sentir el calor del fuego y decidimos correr el riesgo de pedirle ayuda a quienquiera que allí viviera. Una vez más, practicamos la historia sobre haber perdido nuestras casas y familias en un bombardeo. Una vez en la entrada, Lili golpeó suavemente. Pronto, oímos a alguien acercarse, arrastrando sus pies con lentitud. Se levantó el pestillo y la puerta rechinó al abrirse. Enfrente de nosotras, apareció un anciano de espesa barba y lleno de arrugas, lucía descuidado y estaba un poco encorvado por la edad. A diferencia de la mujer de la otra casa, no pareció impresionarse por nuestra apariencia. Pero cuando nos saludó en alemán, el miedo me aceleró el corazón.

Le contamos la historia que habíamos inventado y sonrió. A partir de esa reacción, supimos que tampoco nos creyó. Dio un paso hacia atrás, abrió la puerta de par en par y nos hizo un gesto para que entráramos. Nos llevó hasta la cocina, nos invitó a sentarnos y se sentó con nosotras. Teníamos la esperanza de que nos hubiera traído a la cocina para darnos algo de comer. Pero al principio, no nos ofreció nada. En su lugar, quiso saber más sobre lo que nos había pasado.

Luego de unos minutos de conversación, nos dijo que nos daría algo de comer. Él conocía la hambruna y sabía lo que nos sucedería si comíamos mucho y muy rápido. Nos explicó que, cuando fue prisionero de guerra en Rusia durante la Primera Guerra Mundial, también había estado a punto de morir de hambre. Sabía que nosotras habíamos aprendido por las malas que comer demasiado en poco tiempo podría resultar en la muerte para alguien en nuestra condición.

Así que nos previno y nos dio algo de agua para tomar. Yo no había notado cuanta sed tenía. A pesar de que había estado rodeada de mucha agua y nieve, no había bebido lo suficiente. Nos esperó hasta que terminásemos de beber y luego se dirigió hacia la alacena y tomó unos trocitos de pan seco. Nos dio un poco a cada una y nos dijo que con lentitud le diéramos pequeños mordiscos. Luego, puso un poco de leche en una cacerola y la colocó en el fuego. Una vez que se calentó, la puso en una taza y nos pidió que la bebiéramos despacio. Nos explicó que el agua y la leche nos ayudaría a llenar el estómago y nos haría sentir saciadas.

El hombre tenía un rostro amable y algo de abuelo en su forma de ser. Su esposa había muerto varios años atrás y vivía solo con su hija. Nos dijo que ella sufría una enfermedad mental, pero no especificó cual, y nunca la vimos mientras estuvimos ahí. Tenía dos hijos que luchaban para la armada alemana. No había escuchado de ellos por un largo tiempo. Aunque no lo expresó, podíamos sentir que le preocupaba no verlos nunca más. No tenía nietos y eso me provocó tristeza. Recordé a mi abuelo y lo felices que éramos cuando estábamos juntos. Luego de experimentar la amabilidad del granjero, creo que habría sido un muy buen abuelo. Le deseaba que, alguna vez en su vida, pudiera tener nietos.

Mientras comíamos, nos contó historias de su enfrentamiento con los rusos, cómo lo habían capturado y de su tiempo en prisión. No las recuerdo ahora, estaba tan débil que no podía concentrarme lo suficiente como para comprender los detalles. Pero me di cuenta de que esas experiencias le generaron la empatía para entender nuestro estado y la situación por la que pasábamos.

Una vez acabadas las historias y la comida, sonrió y nos dijo que supo que nuestra historia de huérfanas no era real. Se dio cuenta de que éramos judías prisioneras de la marcha, pero nos aseguró que nos protegería todo el tiempo que pudiese y nos ayudaría a recobrar las fuerzas. Me observó el pie y dijo que teníamos que tratarlo inmediatamente. Se levantó de la mesa, tomó un cuenco y lo llenó de agua tibia. Notó que estábamos llenas de piojos, así que nos dijo que debíamos quedarnos en el establo; no podía arriesgarse a ser contagiado.

Con el cuenco de agua, nos dirigimos al establo. No estábamos decepcionadas, a pesar de que seríamos las compañeras de cuarto de una vaca y un cerdo. El olor era intenso, pero de alguna manera agradable porque sabíamos que, finalmente, nos encontrábamos a salvo. El establo era bastante cálido y había paja para mantenernos abrigadas. Me senté y puse los pies en el agua. Había perdido casi toda la sensibilidad, así que no sentí que el calor fuera reconfortante. Lo más importante era que me los lavase y que comenzase a circular la sangre.

Más tarde, nos trajo algunas mantas. Encontré un lugar en una de las esquinas y dispuse un jergón para acostarme. Colapsé sobre él y me pareció que toda la energía que tenía se evaporó. Temblaba al calentarme debajo de la manta. Me invadió una gran sensación de alivio. Por primera vez desde que comenzó la guerra, me sentía segura y con la esperanza de que esta pesadilla por fin llegaría a su fin.

LA GUERRA HA TERMINADO
MAYO 1945

Me quedé dormida inmediatamente después de haberme tumbado. No sé por cuánto tiempo dormí, pero Lili me despertó luego de un rato y me pidió que me desvistiera. Estaba hirviendo agua afuera del establo para sacar los piojos de la ropa. Me costó levantarme. Me quité el vestido con lentitud. Lili ya se lo había quitado y se llevó mi ropa. Tomé la manta y me acosté sobre la paja. Estaba comenzando a dormirme, cuando Lili entró de nuevo. Tenía una expresión de enojo en el rostro. «¿No me vas a ayudar?», preguntó. Me reí tan de repente que me dolió la barriga. «Lili, ni siquiera puedo levantarme», le dije. No le causó gracia, se dio media vuelta y se fue sin decir nada. Me sentí mal, pero estaba tan enferma que, de todos modos, no hubiera podido colaborar mucho. Nuestro anciano amigo entendió que estaba muy débil como para hacer algo. Me nombró, bromeando, *halb tot,* «medio muerta». Este era ciertamente un ejemplo de aquel viejo dicho: «Riendo, riendo, verdades diciendo». Me advirtió muchas veces que cuidara mis pies. Los revisaba y controlaba todos los días. Lili también entendió y dejó de presionarme para que haga los quehaceres.

La ropa que teníamos estaba tan harapienta y deshilachada que pensé que se iba a desintegrar si la poníamos en agua hirviendo. No teníamos otra cosa para vestir.

La idea de finalmente tener ropa limpia, a pesar de la condición en la que estaba, fue otro alivio bien recibido. Lili trabajó duro refregándola lo mejor posible, y luego la colgó dentro del establo para que se secara. Yo me envolví con la manta lo más apretada al cuerpo que pude y me acurruqué en la esquina.

Después de un rato, el granjero nos trajo un poco más de pan y leche, nos advirtió de nuevo que lo comiéramos despacio. Nos sentamos juntas y lo comenzamos a mordisquear. Estábamos tan felices de tener tanta buena suerte. Y por un momento, me dejé imaginar qué nos depararía el futuro. Ya sabíamos que esta no era la solución permanente. Estábamos seguras de que la guerra se terminaría pronto, si ya no había terminado, pero ¿qué pasaría después? Nada se podía predecir en tiempos tan caóticos. El miedo y la preocupación volvieron a aparecer.

Me obligué a pensar de nuevo en el presente. Durante estos años tumultuosos, había aprendido a no pensar en el después. Necesitaba enfocar toda la energía mental en el futuro inmediato, cómo sobrevivir al día, a la noche o, incluso, a los siguientes cinco minutos. Por ahora, teníamos un poco de respiro del terror que habíamos sufrido y la esperanza y la promesa de unos días para recuperarnos. Teníamos algo de comida, un lugar calentito para dormir y un refugio de la humedad y el frío; nos podíamos lavar y sentíamos que podíamos confiar en este hombre, a pesar de que era alemán y que había peleado por su país años atrás. No lo conocíamos muy bien y no hablaba sobre política con nosotras, pero había algo en él que nos daba la seguridad de que no nos traicionaría.

Los siguientes días fueron tranquilos y pacíficos. No había vivido con tanta serenidad en años. El hombre continuaba trayéndonos comida y nos seguía ayudando a recuperarnos. Una tarde, entró en el establo con una gran sonrisa y nos anunció lleno de júbilo que la guerra había terminado. Los americanos habían tomado la región entera y estaban ocupando Prachatice, un pequeño pueblo montaña abajo. Lili y yo nos abrazamos y se nos llenaron los ojos de lágrimas. Le agradecí por su amistad y le dije que sin ella no habría podido sobrevivir. Me dijo que era lo mismo para ella, aunque ambas sabíamos que Lili había sido la más fuerte de las dos.

Las buenas noticias me hicieron caer en la cuenta de la extraña situación en la que nos encontrábamos. Qué insólito trio viviendo en una granja en la montaña. Dos niñas polacas judías en Checoslovaquia en el establo de un antiguo soldado alemán. Antes de la guerra, quién hubiera podido imaginar tal situación. Me reía de solo pensarlo.

La guerra había terminado, pero ¿qué significaba? A corto plazo, estábamos a salvo, pero a largo plazo, el peligro y la incertidumbre nos seguían acechando. Mirando hacia atrás, se de muchos judíos que murieron después de que el combate hubiera terminado y de que los aliados tomaran el control. La guerra había terminado, pero eso no significó su salvación. No pudieron superar el abuso que sufrieron. Yo también corría peligro. ¿Finalizaría la gangrena lo que los nazis no pudieron? También me preguntaba sobre las demás prisioneras que iban con nosotras en la marcha cuando nos escapamos. ¿Había sobrevivido alguna de ellas o los guardias las asesinaron a todas? Me aferré a la esperanza de que los americanos las hubieran alcanzado antes de que eso sucediera.

Al día siguiente el granjero alemán volvió para controlarme. Pudo ver que mis pies no estaban mejorando mucho y comenzó a preocuparse por mí. Me dijo que debía recibir atención médica o podría ser mortal. Se dirigió rápidamente a Prachatice. Fue a la oficina del alcalde y le contó sobre nosotras y sobre mi desesperante condición. El alcalde encontró a alguien que le prestó al granjero un carro y un caballo. En unas horas, volvió para trasladarme. Lili se subió con nosotros y bajamos de la montaña hacia el pueblo.

En el hospital me examinaron. Después de haberme visto rápidamente el pie, el médico dijo que me debía operar lo más pronto posible. No había tiempo que perder. Las enfermeras me llevaron inmediatamente, me lavaron y me trasladaron hacia el quirófano. Había notado que todos los médicos y las enfermeras, mayormente monjas, eran alemanes. Ahora mi vida estaba de nuevo en manos de la gente que había tratado de asesinarme durante la guerra.

Estos hombres y mujeres habían sido probablemente leales a Hitler y al Tercer Reich durante toda la guerra y tal vez por más tiempo. ¿También odiaban ellos a los judíos como tantos otros alemanes que me había encontrado? Si era así, entonces no habría mejor escenario para asesinar a un judío que durante una operación con riesgo muerte. La velocidad con la que se prepararon para la operación era una clara evidencia de que estaba a las puertas de la muerte. No tenía otra opción que confiar en ellos, ya que no tenía la posibilidad de levantarme y echar a correr. Traté de no pensarlo y luego de eso, una extraña calma se apoderó de mí.

La anestesia comenzaba a hacer efecto y me empecé a sentir terriblemente sola. Lili había regresado a la granja con nuestro amigo alemán, y me preguntaba si la volvería a ver de nuevo. En el adormecimiento, comencé a pensar en los horribles eventos que había experimentado durante la guerra. Mientras pasaba de la realidad al sueño, me preguntaba si solo habían sido parte de una pesadilla extraña y fuera de lo común.

EL HOSPITAL EN PRACHATICE
MAYO 1945

Oía voces, suaves y reconfortantes, pero no las podía comprender. Eran confusas. Comencé a ver una luz difusa. En ese momento, recordé mi pesadilla. Quizás, una vez despierta de aquel sueño profundo, me encontraría de nuevo en mi cama, segura en mi casa de la infancia en Częstochowa. El deseo fue interrumpido por el dolor que sentía en las piernas y pies. La luz le iba dando forma a una cama desconocida en una habitación desconocida. No estaba en Częstochowa, estaba en el hospital en Prachatice. Mi pesadilla había sido real después de todo.

Me miré los pies y recordé por qué estaba allí. Tenía las piernas vendadas hasta las rodillas. Los vendajes no eran de tela o de gasa. Estaban hechos de un tipo de papel corrugado, como el cartón. La guerra había afectado tanto a los suministros que este hospital tenía que improvisar apósitos para las heridas. Lo que vi me asustó. No me habían dicho lo que iban a hacer durante la operación y yo estaba muy asustada como para preguntarlo. Ahora también tenía miedo de saber.

Una enfermera, vestida con hábitos de monja, se acercó y me dijo que la operación había sido un éxito y que todo estaría bien. Probablemente, logré sonreír un poco, pero no estaba para nada feliz. ¿Qué me había querido decir? ¿Me habían amputado los pies para detener la propagación de la gangrena? No me atrevía a preguntar y la enfermera no me dio más detalles. Luego se inclinó y me levantó para llevarme a la habitación donde comenzaría la recuperación.

Me tomó por sorpresa. Esta pequeña mujer fue capaz de levantarme relativamente fácil y llevarme hasta el pasillo para ponerme en una camilla. Me había reducido a, literalmente, «un saco de huesos». Seguro que le parecí tan frágil como un polluelo recién nacido. Llegamos a la cama y me acostó ahí, con cuidado de no romperme.

Mi cama estaba justo al lado de la ventana de la habitación y mirando hacia la calle. Podía ver a la gente en su cotidianeidad como si nada hubiera pasado los seis años anteriores. La única escena extraña eran algunos militares americanos que ocasionalmente pasaban por la ventana. Estaba contenta de tener esta vista a un mundo que volvía a la normalidad. ¿Pero podría pasar eso en algún momento? El mundo normal para mí había sido destruido junto con mi familia.

Pensé en mi querida amiga, Lili. Me pregunté: ¿Cómo estará? ¿Por qué no se quedó conmigo en el hospital? No necesitaba cirugía, pero su salud también estaba muy deteriorada y necesitaba tanto cuidado como yo. Sabía por qué había regresado con el granjero. Así como había sentido una gran responsabilidad por ayudarme durante nuestra difícil situación, ahora sentía la responsabilidad de ayudar a este hombre con algunos quehaceres, ya que había sido muy gentil y compasivo con nosotras. Volvió para ayudarlo a limpiar la casa y a lavar algo de ropa y otras tareas de la granja. Respetaba su decisión, pero anhelaba verla de nuevo y tenía la esperanza de que me visitara pronto.

Al día siguiente, el alcalde de Prachatice vino a visitarme. Me enteré de que había ordenado traerme al hospital a partir de la petición del granjero. Estaba contento de ver mi recuperación y de saber que la operación había sido un éxito. Vino al hospital a verme antes de la operación. Les contó a los médicos que yo era una judía superviviente y les dijo que serían responsables de lo que me sucediera. También les dijo que hagan todo lo posible para devolverme la salud. El hecho de que se sintiese obligado a intervenir de esta manera me hizo caer en la cuenta de que las preocupaciones que tenía porque los doctores eran alemanes no eran infundadas. Su visita fue muy reconfortante para mí y, a partir de ahí, fui capaz de confiar en el personal del hospital.

Dos días después, vinieron las enfermeras para cambiarme los vendajes. Me llevaron de nuevo al quirófano y me acostaron sobre la mesa de operaciones. Todavía no sabía si me habían amputado los pies o no. Ellas sacaban los vendajes capa por capa y a mí se me aceleraba el corazón. Sentía que me desmallaría y me costaba respirar. Todavía no tenía la valentía para preguntarles si mis pies seguían allí. Cuando quitaron la última venda, mantuve la cabeza apoyada en la mesa y me rehusé a mirar. Las enfermeras evaluaron la curación entre ellas. Entonces, una enfermera me dijo que me sentase y mirase. Lo dudé por un momento. Me volvió a pedir que mirase. El tono de su voz me dio el valor. Lentamente, me senté y miré.

¡Mis pies seguían allí!

Solté la tensión que tenía en el cuerpo junto con la inhalación que estaba conteniendo desde que me senté para mirar. No solo mis pies estaban allí, sino que también mis diez dedos. No había necesitado amputación. No había desarrollado gangrena. Si hubiera esperado un día, o quizás solo una hora más, mi destino podría haber sido distinto. Me volví a tumbar, cerré los ojos y por primera vez en años, me sentí completamente fuera de peligro.

Al día siguiente, tuve una sorpresa. Lili vino a visitarme. Nos abrazamos y se sentó junto a mí en la cama para hablar. Me contó todo lo que había hecho por el granjero y que estaba agradecido y la estaba tratando bien. Cuando se hizo la hora de marcharse, le rogué que se quedase conmigo. Quería desesperadamente su compañía y sabía que ella también necesitaba más cuidados de los que ya tenía en la granja. Necesitaba descansar del trabajo duro.

Mis ruegos finalmente la convencieron. Las enfermeras le permitieron quedarse si compartía la cama conmigo que no era muy grande, pero como éramos muy menudas había suficiente espacio para las dos. Nos sentamos en la cama y miramos por la ventana. Dos soldados americanos con cascos de guerra y rifles al hombro pasaron caminando. Nos miramos y nos sonreímos.

SANANDO CON CUIDADOS
JUNIO 1945

Pasaron varias semanas desde mi operación. Me recuperaba lenta, pero satisfactoriamente. Todavía no podía caminar, pero estaba aumentando de peso. Durante esas semanas, las monjas me alimentaban en abundancia. Les había impresionado tanto mi pérdida de peso, que estaban ansiosas por traerme la mejor comida del hospital. Incluso me traían comida de un almacén en el sótano que era principalmente para los médicos. A veces, me daban algo de vino con la cena. No solo era delicioso, sino que también tenía un propósito. Creían que me daría más apetito y tenían razón.

Todos los días de esas primeras semanas, una de las enfermeras me llevaba a una balanza para controlar mi peso porque no podía caminar. Se ponía de pie sobre la báscula, mientras me sostenía en brazos, ya que no podía mantenerme en pie. Se emocionaban mucho con cada kilogramo que aumentaba. Me ponía muy contenta poder subir de peso, pero me estaba volviendo gorda. Pensándolo ahora, no les agradezco tanto el fervor que tenían por engordarme. He tenido problemas con mi peso desde aquel momento. Aunque, después de haber sido una *Muselmann,* prefiero, sin duda, mis problemas de peso actuales.

Un día, el alcalde vino a visitarnos. Notó que la ropa que llevábamos puesta estaba rota y harapienta. Lili la había lavado lo mejor que pudo, pero ya no nos quedaba. Nos dijo que nos ayudaría a conseguir algo mejor y Lili lo acompañó. Las tiendas de ropa todavía estaban cerradas desde la guerra, pero cerca del pueblo había un depósito con artículos que los alemanes del lugar les habían robado a los judíos. No tenía idea de cómo habían sido identificadas y confiscadas. En el depósito había mucha ropa. El alcalde llevó a Lili para que pudiera elegir algo para nosotras. Regresó con faldas, blusas, pantalones, sombreros y bufandas, ropa interior y zapatos. Todas las prendas estaban todavía en buen estado. ¡Qué alegría tener ropa decente de nuevo! Poco a poco, comenzamos a sentir que recuperábamos nuestra humanidad.

Lili y yo disfrutábamos pasar tiempo juntas. Por primera vez, teníamos el tiempo de conocernos sin estar bajo amenaza de muerte a cada segundo. Disfrutábamos ver por la ventana la vida en Prachatice, veíamos especialmente a los apuestos soldados americanos.

Un día me desperté y miré hacia fuera. Era un día hermoso de verano. La luz de la mañana iluminaba los edificios de la calle y hacía que todo se viera limpio y fresco. Abrí la ventana y me incliné para respirar el aire cálido. La gente se movía con energía mientras realizaban sus tareas diarias. Los veía caminar sin esfuerzo y me preguntaba cuándo llegaría mi posibilidad de hacer lo mismo.

Después de unos minutos, pasó un soldado americano justo enfrente de mí. Dijo hola y se detuvo. Estaba encantada de que quisiera conversar, pero yo no podía hablar inglés, así que estaba visiblemente nerviosa. Para mi sorpresa, comenzó a hablar en polaco. Él no sabía muy bien el idioma, así que tartamudeaba un poco al hablarlo. Le costaba formar las oraciones, pero podía comprender bastante su pronunciación. Eso bastaba como para poder conocernos un poco.

Él descendía de polacos y había nacido en América, así que no había perfeccionado el idioma. Le conté que era una superviviente judía, me dijo que algunos soldados americanos también eran judíos y que les podía contar sobre mí e invitarlos a visitarme. Me emocionó mucho, pero otra vez, estaba nerviosa porque no podía hablar inglés. Temprano al día siguiente, varios de ellos vinieron a verme. Estaba muy contenta porque todos hablaban yidis, así que fuimos capaces de conocernos y comenzar una amistad.

Estos hombres galantes eran muy amables con nosotras. Nos traían chocolates y otros dulces y golosinas. También nos traían regalos prácticos como cepillos y pasta de dientes. Nuestros dientes estaban en mal estado después de haber pasado años de descuido, entonces a estos tipos de regalos los recuerdo muy bien. Los presentes que nos traían era un encanto, pero la calidez y el interés que nos demostraban eran el mejor de los regalos.

La amistad con este grupo de soldados se volvió más fuerte. El confinamiento en el hospital limitaba nuestras posibilidades de juntarnos. Me motivaba a trabajar duro para recuperar mi habilidad para caminar. Durante las siguientes semanas, me esforcé en fortalecer las piernas y practicar. Fue un trabajo muy difícil, pero, con el tiempo, recuperé la capacidad de andar. Recuerdo mi primer día afuera del hospital caminando por mi propia cuenta. Estar afuera me hizo sentir un gran entusiasmo. Los soldados venían y nos llevaban a pasear en la tarde y acostumbrábamos a ir de picnics al campo.

Para este momento, ya estaba casi completamente recuperada, así que podíamos haber dejado el hospital. Afortunadamente, el personal no nos obligó a irnos, ya que no teníamos donde quedarnos. Estaba agradecida por esto. De haber permanecido en un lugar donde había muchos refugiados y supervivientes, probablemente no habríamos tenido estos lujos. Por un largo tiempo, Lili y yo fuimos las únicas supervivientes en Prachatice, que yo sepa. En un momento dado, una mujer húngara vino al hospital para que la tratasen, lo que resultó en un total de tres supervivientes. De haber habido muchas más, estoy segura de que nos habrían obligado a irnos, ya que estábamos lo suficientemente saludables para hacerlo.

La joven húngara se encontraba en peor estado que yo. Parecía algo imposible, pero ella estaba más delgada y frágil. Estaba tan débil que casi no podía hablar y tenía una enorme úlcera abierta en la parte de atrás del cuello. No voy a olvidar nunca cómo se veía. Estaba lleno de pus y alrededor de la herida carne podrida. A lo largo de la guerra, había visto muchos padecimientos grotescos del cuerpo humano, pero este, por alguna razón, todavía ronda en mi mente como pocos.

RECOBRANDO LA HUMANIDAD
JULIO 1945

Nos conmovía lo mucho que se preocupaba el alcalde por nosotras. Nos daba la seguridad de que, por un tiempo, estaríamos protegidas y atendidas en el pueblo. El alcalde, claramente, no había simpatizado con la violencia alemana en su país. A más personas en la región les molestaba la ocupación alemana y el sufrimiento que la guerra había causado a mucha gente allí y alrededor de Europa. Escuchamos historias de intentos de venganza en Checoslovaquia. Algunos alemanes ya vivían allí muchos años antes de que empezara la guerra, dado que la región estaba muy cerca de la frontera con Alemania. Sin embargo, otros llegaron después de la guerra y tomaron las tierras de los checos bajo las políticas del *Lebensraum* de Hitler que pretendía encontrar un "espacio vital" para los alemanes en Europa del Este. Hitler había dejado en claro, antes de la guerra, que Bohemia y Moravia, que eran parte de Checoslovaquia, les habían pertenecido a los alemanes por miles de años. Durante la guerra, anexó estas tierras y los alemanes vinieron a reclamar lo que pensaban que era de ellos.

Ahora que la guerra había terminado, los checos querían recuperar aquellas tierras y tomaron medidas para confiscar pertenencias. Se confeccionó un plan organizado para expulsar a miles de alemanes de la región. Desde luego que este plan estaba justificado, pero no cabe duda de que algunos de los checos se aprovecharon de la situación para incautar propiedades de gente inocente. Despreciábamos a los alemanes por lo que nos hicieron. Pensábamos, a menudo, que en caso de que se presentara la oportunidad de tomar venganza, los mataríamos a todos. A pesar de esto, pronto nos hallaríamos ayudando a prevenir una de esas apropiaciones de tierras.

Un día, nuestro amigo, el granjero alemán, apareció en el hospital. Tenía miedo y estaba angustiado. La gente de la zona intentaba tomar su propiedad, alegando que él era partidario de los nazis. Había venido en busca de auxilio. Quería que les contásemos a esas personas sobre la ayuda que nos había dado para probarles que no odiaba a los judíos. Aceptamos con entusiasmo y sin dudarlo.

Unos días después, se llevó a cabo una audiencia para que él pudiera defenderse contra las acusaciones y del intento de incautar su granja. Extrañamente, no nos llevaron a la corte ni a ningún otro tipo de edificio del gobierno. Nos llevaron a una casa en el pueblo, al ático, donde el granjero alemán estaba sentado frente a varios checos. Era una atmosfera extraña. La habitación era pequeña con un techo bajo y muy oscura. Los hombres que estaban listos para interrogarlo no se veían como jueces ni como ningún otro tipo de oficiales, eran ciudadanos normales. No era nuestro deber ni nuestra función cuestionar la validez o la legalidad de la «audiencia», pero a Lili y a mí nos pareció una farsa de juicio.

Contamos nuestra historia. Le dimos muchos halagos a nuestro amigo por el esfuerzo en ayudarnos. Fuimos muy claras en remarcar aquello, no solo había arriesgado su propia vida, sino que también fue más allá y nos dio el cuidado que salvaría las nuestras. El tribunal escuchaba con atención y nos hizo pocas preguntas. Una vez que terminamos, nos agradecieron y nos fuimos sin saber el destino que le esperaba. Algunos días después, nos enteramos de que nuestro testimonio había sido exitoso. Les demostró a los lugareños que este hombre no era nazi, así que no le quitaron su granja.

Me pregunto a menudo cómo me siento con respecto al pueblo alemán. Es una pregunta razonable y natural considerando el mal incomparable que les infligieron a los judíos europeos. Diré que, durante esos terribles años, desarrollé el odio más profundo posible. Me imaginé las peores maneras en que podía devolverles lo que me hicieron. Muchos judíos sintieron lo mismo. ¿Cómo no íbamos a tener estos sentimientos? Después de que la guerra terminó, algunos judíos en busca de venganza ejecutaron, en algunas zonas, olas de asesinatos aislados a alemanes. Pero para la mayoría de nosotros, era solo una fantasía que pronto se disiparía. Sé que no lo hubiera podido soportar. Había visto ya muchos asesinatos. Nunca quise ver otro de nuevo, ni siquiera si se trataba del asesinato de un cruel enemigo.

Sin embargo, deseábamos ver cómo caía el peso de la justicia sobre aquellos criminales y asesinos que planearon, ordenaron y ejecutaron el intento de erradicar a un pueblo entero. Me causaba una gran satisfacción ver los juicios a los líderes nazis y a sus secuaces, después de la guerra. Pero el hecho de que Lili y yo fuéramos capaces de ayudar a este hombre, aunque era alemán, también me causó una enorme satisfacción y me ayudó a aplacar el odio por los que nos atormentaron con tanta crueldad. Aprendí la lección de que devolver bien por mal es la única manera de detener el círculo de odio. Los alemanes nos veían como animales, de hecho, menos que animales. Hicieron todo para deshumanizarnos y para que nos comportásemos como animales. A veces, lo lograban, por ejemplo, cuando las prisioneras peleaban entre ellas por comida. Pero al final, conservamos nuestra humanidad y lo superamos.

Me pone triste decir que perdimos contacto con el granjero alemán poco tiempo después de la guerra. Nunca más lo volvimos a ver después del juicio. El gobierno de la preguerra checoslovaco, democrático y debidamente electo había sido restituido. Pero estaba sufriendo gran presión por parte del partido comunista y pronto cayó bajo el control soviético. Previéndolo, nuestros amigos americanos planearon llevarnos a Austria, que permanecería bajo el control de los Estados Unidos por algunos años luego de la guerra. No volvimos a tener la posibilidad de regresar a Prachatice para buscar a nuestro amigo y agradecerle. Me entristece que ni siquiera recuerdo su nombre.

CAMINO A AUSTRIA
JULIO 1945

Llegó el día de irnos de Prachatice. Habíamos estado allí por tres meses. Nos llevaban a un pueblo cercano llamado Volary, donde recibimos la feliz noticia de que el resto de las prisioneras que marcharon con nosotras habían sido liberadas. Allí fue cuando descubrimos cómo terminó la marcha.

A medida que se le acercaban los aliados, Dörr se dio cuenta de que tendría que liberar a las mujeres, pero dudaba cuándo, cómo y dónde. Cerca de la mitad de las mujeres ya no podían caminar, las transportaban en carretas y camionetas. A estas mujeres las llevaron a una fábrica de muebles del lugar para alojarlas allí, mientras Dörr decidía lo próximo que haría.

Aunque sabían que se les acababa el tiempo, algunos de los guardias de las SS no habían dejado de matar. Después de que nos escapamos, la marcha fue bombardeada por aviones aliados y algunos de los guardias murieron y otros resultaron heridos. En represalia, les dispararon a 12 mujeres que habían elegido al azar. Los guardias estaban enojados de que solo ellos hubieran sufrido pérdidas y de que ninguna de las prisioneras resultase herida. Entonces, se «vengaron» matando inocentes.

En otro cruel incidente, hicieron marchar ladera arriba a un grupo de 22 mujeres que habían escapado, pero habían sido recapturadas. Los guardias las obligaron a correr en una pendiente empinada. Mientras corrían, ellos les disparaban a las más lentas que se quedaban atrás. Antes de que se acabara, 17 de las 22 habían sido asesinadas. A las otras cinco les perdonaron la vida solo porque habían tenido la energía suficiente para escapar y esconderse.

Dörr sabía que los americanos lo alcanzarían pronto y no quería ser atrapado mientras todavía tenía a las mujeres capturadas. Decidió entregarlas a la «fuerza policial» del lugar y escaparse.

Los guardias de esta «fuerza» eran mayormente hombres muy ancianos como para luchar en la guerra. Las hicieron marchar a la cima de una montaña de Volary. Una vez allí, las arrearon a una pradera. Una lluvia constante cayó durante todo ese día y las empapó. Los guardias nunca las alimentaron.

Cayó la noche con rapidez y sentaron a las mujeres exhaustas, hambrientas y congeladas en el frío y la humedad. Fue una noche larga y todas permanecieron en la pradera hasta que empezaron a emerger los primeros rayos del sol. Poco a poco, comenzaron a darse cuenta de que nadie las vigilaba. Los ancianos se habían ido durante la noche temerosos de que las tropas americanas los encontraran pronto. Algunas de las mujeres se fueron de la pradera y se escondieron en los bosques cercanos, pero la mayoría de ellas no podían creer que eran libres. Se quedaron en aquel campo, sentadas sin expresar ninguna emoción, esperando que los guardias regresaran en cualquier momento. Estaban tan asustadas y pensaban que escapar todavía significaba que les dispararían.

El 6 de mayo de 1945, llegaron los americanos a Volary. La marcha al fin acabó y las mujeres fueron liberadas. Habían terminado con la matanza, pero morirían más. Muchas de las pocas que sobrevivieron para presenciar la liberación murieron poco después por enfermedades. Solo un poco más de 300 de las 2000 mujeres sobrevivieron a la terrible marcha.

Cuando las fuerzas americanas llegaron a la fábrica de muebles en Volary, encontraron alrededor de 120 a punto de morir en el suelo. Uno de los soldados dijo que cuando las vio por primera vez, pensó que no eran mujeres jóvenes, pero ancianas. Cuando les preguntó a algunas sus edades y descubrió que solo eran adolescentes, se quedó impactado. Pensaba que tenían unos sesenta o setenta años. Las mujeres fueron llevadas al hospital de Volary. Soldados alemanes heridos habían sido desahuciados para hacerles un lugar a ellas. Algunos registros muestran que pesaban entre 30 y 40 kilos. Estaban severamente desnutridas, cubiertas de piojos y tan débiles que no podían moverse. Muchas padecían disentería y tenían llagas y úlceras por todo el cuerpo. Tenían los pies hinchados y en estado de congelación.

Mientras, en la montaña, la otra mitad de las supervivientes finalmente entendió que era seguro bajar. Descendieron hasta el pueblo de Husinec, donde los lugareños las recibieron y comenzaron a darles cuidados. Improvisaron un hospital en una escuela y la gente les traía comida fácil de digerir.

Llegué a Volary a mediados de julio. Solo estaría allí por unos días y luego me llevarían a Salzburgo, Austria. Las tropas americanas querían alejarnos de Checoslovaquia antes de que quedara bajo el control de los soviéticos.

En Salzburgo, nos llevaron a un «campo de desplazados». Había muchos de estos ahora en toda Europa. Decenas de miles de supervivientes judíos de Europa del este eran obligados a entrar a estas instalaciones. Excepto por el hecho de que aquí no nos asesinaban ni nos mataban de hambre, no eran mucho mejor que los campos donde nos tenían los nazis. Estaban llenos de gente, no eran muy limpios y la comida era mala. Además, éramos básicamente prisioneras aquí. No nos permitían ir y venir como nos placía. Debíamos tener permisos especiales para poder salir. A veces nos escapábamos del campo porque los permisos no estaban disponibles o eran muy difíciles de conseguir.

Sin embargo, la vida mejoraba para nosotras, y pronto conocería al amor de mi vida, a mi futuro esposo.

DESPLAZADA CON LONEK - SALZBURGO

JULIO 1945

El viaje en camión desde Volary a Salzburgo fue movido y agotador. La vista, a medida que ascendíamos a los Alpes austriacos, era imponente. Las laderas se elevaban abruptamente sobre las carreteras de las montañas y se alineaban con las casas típicas de Austria, aferradas a los acantilados. El exterior marrón y blanco de las casas contrastaba con el verde profundo del terreno lleno de hierba en donde se encontraban.

El viaje había sido duro, pero estaba emocionada y empezaba a volver a tener esperanzas. Mi salud estaba mucho mejor, pero sufría de algunas afecciones consecuentes de años de abandono y castigo.

Finalmente llegamos al campo de desplazados. En ese momento, los americanos controlaban Salzburgo. Era su centro de operaciones en Austria. Había varios campos de desplazados allí, todos estaban bajo la dirección de la Administración de las Naciones Unidas para el Auxilio y la Rehabilitación, UNRRA, por sus siglas en inglés. Establecida hacia finales de 1943, proporcionaba ayuda a las zonas de Europa devastadas por la guerra. Fue la organización predecesora de las Naciones Unidas, establecidas a finales de 1945.

El campo estaba lleno de gente y era bastante austero. Anteriormente, había funcionado como un tipo de recinto militar para los ejércitos de Austria y Alemania. Principalmente oficinas y otros edificios, pero a algunos los habían convertido en dormitorios para los refugiados. Las camas no eran muy cómodas y no tenían colchones ni ropa de cama apropiados. Solo sábanas rellenas de paja y fundas de almohadas. A Lili y a mí nos pusieron en una litera en medio del gran barracón. Austria tenía más gente desplazada de lo normal, ya que muchos de los demás países de Europa se resistían a aceptarlos. A partir de esto, no siempre era fácil obtener permisos para dejar el campo porque las autoridades querían evitar problemas y potenciales quejas de los lugareños sobre estar invadidos por refugiados.

Mi amistad con Lili se volvió todavía más cercana y conversábamos sobre lo que haríamos en el futuro. Ambas teníamos el deseo profundo de casarnos y tener hijos. ¿Podríamos volver a tener una vida normal después de todo lo que habíamos pasado? Estábamos comenzando a creerlo.

Un día, luego de un par de semanas en el campo, Lili y yo estábamos sentadas hablando en nuestra litera, cuando notamos que dos jóvenes entraron al edificio. Claramente, eran nuevos en el campo y se veían un poco perdidos. Nos parecieron lindos y nos fijamos en ellos. Entraron tímidamente e inspeccionaron el lugar. ¿Quiénes eran y qué buscaban?

Entonces, de repente, los dos jóvenes nos miraron sin vergüenza. La atracción había sido mutua y comenzaron a acercarse a nosotras. Se me aceleró el corazón porque me puse muy nerviosa. Estaba encantada de que estuvieran tomando la iniciativa de acercarse a hablar.

Se presentaron y nos comenzaron a contar la historia de cómo habían llegado al campo. Su viaje desde Polonia a Austria había estado lleno de vicisitudes y se habían escapado muchas veces de milagro. Por semanas, estuvieron saltando de tren en tren sin saber exactamente a dónde iban, la mayoría del tiempo. Estaban decididos a llegar a Austria y escapar de las zonas controladas por la Unión Soviética que se iban cerrando con rapidez. A lo largo del camino, se escaparon de los soldados soviéticos y eludieron a otras autoridades que patrullaban las vías. Se subían y bajaban de los trenes en movimiento y se colgaban, de manera insegura, de los techos de los vagones. Parecían fuertes y aventureros y también decididos y hábiles. Las últimas dos cualidades era lo que más me atraía de ellos. Yo también había aprendido a desarrollarlas para sobrevivir.

Lili y yo enseguida nos llevamos bien con este dúo y sentimos que éramos amigos a primera vista. Repentinamente, sin embargo, nos dijeron que debían ir a buscar un lugar para quedarse. Echaron un vistazo por nuestro barracón, pero no había camas disponibles. Se me partió el corazón. Sabía que probablemente no había camas disponibles en ninguna parte del campo. En un impulso balbuceé, «¿Por qué no se quedan en la cama de arriba de nuestra litera?, Lili y yo podemos dormir juntas abajo.» No podía creer las palabras que salieron de mi boca. Miré a Lili esperando que me reprendiese por haber hecho tan generosa propuesta a costa suya. Afortunadamente, accedió con entusiasmo y los alentó a que aceptaran la invitación. Los dos se miraron y sonrieron. Pasamos de ser extraños a compañeros de litera en cuestión de minutos. Nuestro impulso no nos encaminaría mal.

Me llamó la atención uno de ellos en particular. Su nombre era Lonek. También era de Polonia, pero del sureste, cerca de Ucrania. Su historia era única y me cautivó. Había estado escondido por nueve meses en un búnker secreto. Muchos judíos se habían escondido en búnkeres, pero habían descubierto a la mayoría de ellos. Lo que hacía que su historia fuera única era el ingenioso diseño del búnker que evitaba que lo encontrasen. Y, además, era única también por quién lo había construido para esconderlo a él y a su familia. El hombre que los salvó era un ferviente antisemita antes de la guerra. En 2020, la historia de Lonek fue publicada en el libro titulado *Save My Children. An Astonishing Tale of Survival and Its Unlikely Hero (Amsterdam Publishers)*.

En los siguientes días y semanas, los cuatro nos volveríamos muy buenos amigos. Encontraríamos maneras de salir del campo para irnos de turistas a explorar el pueblo y las praderas. Nos encantaba ir a Salzburgo a disfrutar los parques y las plazas. Era una ciudad llena de música y había un optimismo renovado en ciernes después de los días oscuros de la guerra. Fue un periodo romántico para nosotros. Hacíamos pícnics en los parques y, especialmente, disfrutábamos de ir a los hermosos castillos cerca de la cima de las montañas.

Lonek y yo formamos algo más que una amistad. Ninguno de los dos sabía lo que nos depararía el futuro. Solo sabíamos que no podríamos quedarnos por mucho tiempo. Tendríamos que encontrar una vida estable. ¿Pero en dónde? Temía que nuestros caminos se separaran. Y no me equivocaba.

MARCHÁNDOME DE SALZBURGO
AGOSTO 1945

Pasamos un rato agradable en Salzburgo. Aunque vivíamos en condiciones precarias en el campo de desplazados, la zona alrededor de la ciudad era maravillosa y existía un gran contraste con lo que habíamos visto los seis años anteriores. Lonek y yo continuábamos explorando la región tanto como nos fuera posible, a pesar de las restricciones que teníamos para salir del campo. Volvimos varias veces al castillo de Hohensalzburg, la fortaleza que protegía la ciudad en la cima de la montaña.

Fue durante una visita al castillo que me reencontré, inesperadamente, con uno de mis primos que no tenía idea de que había sobrevivido la guerra. Se llamaba Juzek y era el hijo del hermano de mi mamá. Lonek y yo habíamos estado visitando el castillo, y a punto de bajar con el teleférico que llevaba a los turistas a través de la colina empinada. Viajó hacia arriba y lo encontramos en la plataforma de abordaje cuando llegó a la cima. Fue una sorpresa muy agridulce. Fue muy bueno saber que alguien de mi familia había sobrevivido, y a la vez un recordatorio triste de que casi todos los demás habían fallecido.

Unos meses después de la guerra, me enteré de que otros miembros de mi familia también habían sobrevivido. Uno de los hermanos de mi mamá y una de sus primas. Mi tío se llamaba Josef y la prima era una jovencita llamada Rina. Tres de mis primos por parte de mi padre también sobrevivieron —dos mujeres, Helen y Lucy, y un hombre llamado Paul.

Mi tío Josef se mudó a Israel después de la guerra y lo visité allí algunos años más tarde. En aquella visita, me enteré de que la madre de Halinka había sobrevivido milagrosamente. Josef se había vuelto a casar y casualmente su nueva esposa era amiga de ella. Cuando me enteré de aquello, me dieron muchas ganas de encontrarme con ella y contarle sobre Halinka. Un día de aquella visita, la mamá de Halinka vino a verme. Justo después de que llegase, la esposa de mi tío me llevó aparte y me prohibió que le hablase de Halinka. Temía que fuese demasiado para ella, pues tenía problemas del corazón. En aquel momento, lo entendí y le obedecí. Aun así, todavía me arrepiento de no haber podido hablarle sobre lo valiente que fue Halinka y de cómo luchó hasta el final. Pienso que hubiera querido saber cada detalle.

Lonek y yo nos volvíamos cada vez más cercanos con el correr de los días, pero también con el paso del tiempo se iba incrementando la incertidumbre que teníamos sobre nuestra vida. Estábamos embriagados de la libertad que recién habíamos descubierto y la realidad de haber sobrevivido el crimen más grande de la historia. No habíamos experimentado nunca un tiempo tan tranquilo y libre. Lo disfrutábamos descansando, relajándonos y jugando. Al mismo tiempo, el futuro nos ponía ansiosos. Habíamos discutido varias opciones, pero sabíamos que teníamos muchos interrogantes como para pensar en el matrimonio. No teníamos profesión ni educación ni perspectivas. No teníamos país ni ciudadanía ni dinero. ¿A dónde iríamos? ¿Cómo nos mantendríamos?

Al igual que yo, Lonek sentía la necesidad de asentar su vida —lejos del campo de desplazados. Pronto se encontraría con un amigo de *Tluste*, su pueblo natal en Ucrania. Fue pura coincidencia que hayan terminado en el mismo campo. Su amigo lo había salvado una vez en una *aktion*, llevándolo al bunker de su familia. Estaban muy contentos de haberse encontrado. El nombre de su amigo era Wilo, y ya había decidido a dónde iría después del periodo en este campo. Wilo estaba convencido y determinado a irse a Palestina, sin embargo, era ilegal para los judíos viajar a ese país en aquel momento. Hacerlo era difícil y peligroso. Podría terminar preso o, peor, asesinado tratando de llegar allí.

A pesar de eso, Wilo pronto convencería a Lonek de irse con él. El plan era cruzar la frontera de Austria hacia los Alpes austríacos y escapar a Italia donde serían pasados de contrabando en un barco a Palestina. Cuando me contó sobre este plan, se me partió el corazón. Por su puesto que me ponía triste que pronto estaríamos separados, pero, más temía por su vida. Sabía que era muy arriesgado. Aun así, incluso con el corazón roto, no tuve la fuerza para disuadirlo. ¿Qué le podía yo ofrecer?

No mucho tiempo después, Lonek y Wilo partirían a Innsbruck, la primera parada del largo viaje a Palestina. Nos despedimos con lágrimas en los ojos y los vi salir por las puertas del campamento de desplazados. Me recordó a aquel momento cuando vi a mi padre por última vez. Por supuesto, Lonek y yo solo nos conocíamos por un periodo corto, así que no puedo comparar el dolor. Aun así, me invadió la tristeza al pensar que probablemente no lo volvería a ver jamás.

Los siguientes días fueron deprimentes. El campo de desplazados en Salzburgo se veía aún más austero e incómodo para mí, sin Lonek ayudándome a olvidar las condiciones en las que vivíamos. Sabía que había otros campos en Austria y había oído que muchos no eran tan difíciles ni estaban tan llenos como este. Me propuse llegar a uno de estos. Me enteré de que había uno cerca de un pueblo idílico en la montaña, Ebensee. El campo se llamaba Steinkogel y pedí que me transfiriesen allí. Afortunadamente, me concedieron el permiso y no perdí tiempo en empacar e irme. En algunos días, me encontraría en un campo mucho más agradable que el de Salzburgo. Las camas tenían mejores sábanas y la comida era, sorpresivamente, buena. Y lo mejor de todo, los refugiados no parecían sardinas enlatadas.

No había mucho para hacer en esta zona de Austria en comparación con Salzburgo. Estaba cerca de un pequeño pueblo que no tenía la profunda herencia cultural de Salzburgo. Pero era un hermoso lugar enclavado en el valle de una montaña y había un lago muy bonito cerca. Me sentí rejuvenecida y más libre allí. Sería un momento para reflexionar y planear los siguientes pasos en mi vida. Y era bueno mantenerme alejada de las vistas y los lugares que me hacían recordar constantemente a Lonek.

REUNIDOS
SEPTIEMBRE 1945

Había dejado Salzburgo ya por un par de semanas, cuando me encontré con una maravillosa sorpresa. Un día, mientras estaba sentada en la litera, una figura muy familiar se puso, de repente, enfrente de mí. ¡Era Lonek! Me dijo hola y nos dimos un largo abrazo. ¡No podía creer lo que veía! ¿Cómo llegó? ¿Por qué estaba aquí? ¿Qué había sucedido con el viaje a Palestina? Tantas preguntas por responder, pero estaba tan atónita que no pregunté nada. Solo podía reír de la alegría.

Sin embargo, mi felicidad se convirtió rápidamente en preocupación. Él no se veía bien. Y pude observar que le estaba costando mucho hablar. En un principio, creí que tal vez era por la emoción de volverme a ver. Pero me dijo que estaba enfermo. Luego de haber llegado a Innsbruck, comenzó a sentirse mal. Al principio, creyó que era solo un resfriado o tal vez una gripe suave, pero con el correr de las horas, empezó a tener problemas para respirar. Él y Wilo debían encontrarse en Innsbruck con otras personas que también se dirigían a Palestina. Se hizo evidente para todos ellos que Lonek no lograría hacer el viaje. Lo único que haría sería ponerlo aún más en peligro, pero también a los demás. Tratar de cruzar los Alpes a pie en ese estado no era una opción.

Con mucho pesar, Lonek abandonó el plan para ir a Palestina. Se quedó en Innsbruck por algunos días para descansar y decidió, enseguida, volver a Salzburgo para reencontrase conmigo. Cuando se enteró de que ya no estaba en aquel lugar, averiguó cómo llegar a Steinkogel. Todavía me desconcierta cómo logró emprender aquella travesía si apenas podía respirar. Quiero pensar que yo fui su motivación. Y creo que él estaría de acuerdo. De todas maneras, lo hizo y allí estábamos de nuevo juntos.

Desafortunadamente, no sería así por mucho tiempo. Después de un par de semanas en el campo, a Lonek se le hizo todavía más difícil respirar. Le dolía el pecho con cada inhalación y no dormía. Todavía tenía la esperanza de que fuese una gripe fuerte, pero se volvía más evidente, con el paso de las horas, que necesitaba atención médica lo más pronto posible. El campo tenía dos médicos judíos y fue a verlos. Determinaron que tenía pleuresía y que sus pulmones se le estaban llenando de líquido. Si no lo drenaban pronto, se sofocaría.

Lo llevaron rápidamente a un hospital cercano en Ebensee. Las condiciones allí eran muy precarias, ya que era un hospital improvisado. Parecía más un hospital de los campos de trabajo en donde había estado durante mi calvario que un hospital real. Tenían literas, pero las sábanas no eran apropiadas. Solo había sacos llenos de paja. ¿Podía este lugar proporcionarle la cura que necesitaba? Estaba muy preocupada por él, pero esta era la única opción para un tratamiento.

Los doctores, inmediatamente, se prepararon para drenar el líquido en sus pulmones. Estaba contenta de no estar allí, fue un procedimiento muy doloroso para él. No tenían anestesia para darle. Lonek todavía siente escalofríos cuando se acuerda de la aguja que le insertaron entre las costillas para bombear el líquido hacia fuera. Aún recuerda nítido el sonido del fluido cayendo en la cubeta de metal como si hubiera sido ayer.

A pesar de haber sido muy doloroso, aquel procedimiento le salvó la vida. Pronto se estaba recuperando, aunque muy lentamente. Lo visitaba cada vez que podía y trataba de llevarle siempre un pequeño regalo para levantarle el ánimo. Había entablado una buena relación con los cocineros de Steinkogel. Me gustaba bromear con ellos y aprovechaba la situación para pedirles algo —como galletas o pasteles— para llevarle a Lonek. Generalmente, llevaba lo suficiente como para compartir con los demás pacientes del hospital. Así que, cada vez que llegaba, era como una pequeña fiesta.

Pasaban los días y Lonek parecía no mejorar. Continuaba visitándolo en el hospital. Me esforzaba por animarlos a todos, no solo a Lonek. Así que bromeaba y me reía con ellos todo el tiempo que pasaba allí, pero, en el fondo, estaba preocupada. No me atrevía a mostrarle mi temor a Lonek. ¿Por qué le estaba tomando tanto tiempo recuperarse?

Un día, lo visité y me sorprendió que uno de los médicos quiso hablar conmigo en privado. Me dijo que a ellos también les preocupaba la lenta recuperación de Lonek. Necesitaba un tipo de medicamento hecho a base de calcio que no habían podido conseguir porque los suministros escaseaban. Si no lo conseguían pronto, podría desarrollar tuberculosis. La noticia me dejó pasmada, aun así, me propuse a hacer todo lo posible para obtener los medicamentos. «¿Dónde los puedo conseguir?», pregunté.

Me sugirieron que los podría encontrar en algunos de los otros campos de desplazados. Me apresuré al campo y me preparé inmediatamente para ir a buscar la droga. Mi primer instinto fue volver a Salzburgo, ya que sabía que allí los doctores me conocían. Cuando llegué, me encontré con uno de mis amigos, Salci Perecman, un lituano judío que era muy grande e imponente. Mayor que nosotros, Salci tenía un aspecto brusco y tosco. Cuando le expliqué el motivo de mi visita, me dijo «vayamos al pueblo y veamos si podemos encontrar algo en la farmacia local».

Una vez allí, le pedimos el medicamento al farmacéutico. Nos dijo que ya no tenían. Por alguna razón, sentí que no me estaba diciendo la verdad. Así que, le rogué y le expliqué que la vida de

Lonek estaría en peligro si no podía conseguir las drogas. El hombre insistió en que no tenía aquella medicación. Salci habrá pensado también que estaba mintiendo porque, justo en aquel momento, se acercó pujante al mostrador y se inclinó hacia el farmacéutico. Lo miró a los ojos con ímpetu y le dijo con voz severa, «Necesitamos esta medicación». El hombre negó una vez más tenerla. Luego Salci, lentamente puso la mano en su bolsillo y sacó una navaja. La levantó un poco y la clavó en el mostrador con fuerza y le dijo al farmacéutico, «no sé si lo has entendido. Necesitamos esta medicación ahora». Nervioso, el hombre dijo, «sí, lo entiendo, te la traigo».

Rápidamente se volteó, buscó las botellas que contenían la droga y comenzó a preparar la dosis tan rápido como pudo. La cogimos y le agradecimos. Nos apresuramos hacia el hospital, le agradecí a Salci profundamente entre pequeñas risas. No podía evitar reírme al recordar la escena en la que Salci miró fijamente al farmacéutico.

La medicación cumplió una parte fundamental en la recuperación completa de Lonek. La posibilidad de contraer tuberculosis se había minimizado y nunca más la desarrollaría. Permaneció en el hospital por muchas semanas antes de recobrar la salud totalmente. Pero, con el tiempo, se recuperó. Le tenemos mucha gratitud a nuestro amigo Salci por habernos ayudado.

HACIA AMÉRICA
OCTUBRE 1945

Una vez que Lonek se recuperó completamente, volvimos a Salzburgo. Habíamos decidido vivir juntos allí, aunque sea temporalmente. Sabíamos que nuestro futuro no estaba en ese lugar.

Un día, recibimos una sorpresa muy agradable. La hermana de Lonek, Tusia, llegó a Salzburgo. Había viajado desde Cracovia. Ella y el hermano de Lonek se habían mudado allí algunos meses después de que la guerra terminó. Lonek también había estado con ellos hasta que decidió irse a Salzburgo. Él estaba muy contento de verla y yo encantada de conocerla. ¿Pero por qué había venido? Nos contó que uno de los amigos de Lonek, que había viajado con él desde Cracovia a Salzburgo, había vuelto a Cracovia y le contó a Tusia que Lonek estaba muy enfermo. Cuando escuchó la noticia, Tusia partió inmediatamente a Salzburgo. Se sintió muy aliviada al ver que ya se había recuperado completamente y que gozaba de buena salud.

Era la primera vez que conocía a alguien de su familia. Tusia y yo nos caímos muy bien desde el principio. Desde aquella primera visita, me hizo sentir parte de la familia.

Tusia nos contó que había contactado a un amigo que ellos tenían en su pueblo. Este amigo vivía en Schwandorf, Alemania y la había invitado a su casa. Tusia nos presionó para que fuésemos con ella. No le tomó mucho tiempo convencernos y en breve partimos hacia Alemania.

Me quedé en Schwandorf con Lonek y su familia por algunos meses. Sin embargo, pronto me volvería impaciente. Con mi libertad recién descubierta, tenía ganas de viajar para conocer más de Europa. Durante aquellos meses después de la guerra, era fácil viajar. A menudo, uno podía trasladarse en tren sin tener que comprar un billete. Al mismo tiempo, la familia de Lonek no tenía mucho espacio para mí, así que comenzaba a sentir que estaba estorbando un poco. Entonces me despedí de ellos y le prometí a Lonek que nos veríamos pronto.

Viajé desde el otoño e invierno de 1945 hasta las primeras semanas de 1946. Luego de eso, me fui a vivir con mi tío, que residía en un pequeño pueblo de Austria llamado Bad Naheim, cruzando justo la frontera con Alemania. Allí me enteré de un programa especial que ayudaba a huérfanos a inmigrar a América. Era un programa diseñado específicamente para menores de edad que no tenían familia que cuidara de ellos. Yo tenía menos de 18 años, así que calificaba para esta consideración especial. Tenía que ir a Frankfurt para aplicar, que no estaba muy lejos de la casa de mi tío en Austria.

No mucho después de haber llegado a Bad Naheim, recibí una carta de Lili invitándome a visitarla. Ella había dejado Salzburgo antes que yo para irse a vivir con su hermano, quien se había mudado a un pequeño pueblo cerca de Hanover, Alemania. Estaba ansiosa por verla de nuevo, así que pronto estaría en camino.

Fue muy bueno volver a verla, pero mi estadía con ella se interrumpiría. En solo unos días de visita, recibí un telegrama que me informaba que me habían aceptado del programa especial para huérfanos y que podía ir a los Estados Unidos. El telegrama me comunicaba que debía ir lo antes posible a Frankfurt, donde tenía que completar el proceso. Necesitaría juntar algunos documentos y hacerme un examen médico. No había tiempo que perder. Me entristecía tener que dejarla tan pronto y preocupada, ya que, quizás, no nos veríamos por un largo tiempo. A la vez, me llenaba de alegría las noticias y me fui inmediatamente a Frankfurt.

Después de haber completado los requisitos en Frankfurt, me propuse ir a darle las noticias a Lonek y despedirme. Una vez más, la alegría de saber que pronto estaría en América fue aplacada por la tristeza de darme cuenta de que no lo volvería a ver después de mi partida. Por suerte, pudimos pasar algunos días juntos antes de mi viaje y nos prometimos que haríamos todo lo posible por mantenernos en contacto.

En un par de semanas, estaría en un tren hacia El Havre, el puerto en Francia, de donde saldría el barco que me llevaría a América. Lonek vino a verme y nos dimos nuestro último beso en la plataforma de abordaje. Todo pasó tan rápido que no tuve tiempo para realmente procesar todas las implicaciones de la nueva vida que estaba a punto de comenzar.

En El Havre, me embarqué en el SS Marine. Por ser un barco militar, estaba sorprendentemente bien abastecido. No era lujoso, pero sí bastante cómodo y allí se comía bien. El viaje duraría alrededor de diez días. Y a pesar de que pasamos un par de días de mar agitado por una tormenta, todo fue viento en popa.

Nunca olvidaré el día que llegamos al puerto de Nueva York y vi la Estatua de la Libertad por primera vez. Experimenté emociones encontradas, pero sobre todo una gran alegría. Estaba ansiosa y nerviosa. Casi no podía hablar en inglés, solo podía decir: hola, sí, no, gracias, adiós y tal vez una o dos palabras más. ¿Quién me recibiría? ¿En dónde me quedaría? ¿Serían amables conmigo o estrictos y severos? Estaba preocupada, pero después de todo lo que había experimentado, estaba segura de que podría superarlo.

BÚFALO Y GERDA
MARZO 1946

Una vez llegada a Nueva York, conocí a representantes del Comité Judío Estadounidense, que habían preparado lugares para que permanezcamos allí. Éramos de los primeros supervivientes del Holocausto en llegar a los Estados Unidos. El nuestro fue el segundo barco con supervivientes en llegar. Nos llevaron a una casa de huéspedes en El Bronx con otras personas que viajaron conmigo. Nos quedamos allí hasta que pudiesen encontrar una vivienda permanente para nosotros.

Éramos unas 20 personas en aquella casa. Dormía en una habitación con dos jovencitas más. Ambas eran originarias de Polonia, y por casualidad, justo antes de que llegasen a América, ambas vivían en Bad Naheim, Austria, al igual que yo. Cada una tenía un hermano que también había venido en el viaje. Perdí contacto con ellas no mucho después de haber llegado y he olvidado sus nombres, pero pasamos la mayor parte del tiempo juntas los primeros días en la ciudad de Nueva York.

No recuerdo mucho la casa, pero hay algo interesante que todavía mantengo vívido en la memoria. Había un piano en el corredor principal y mientras estábamos allí, un hombre negro venía tocar a menudo. Lo hacía sonar de manera vibrante con sus muchas interpretaciones de canciones de jazz. Era maravilloso de ver y algo típico que esperaba de Nueva York.

Me ponía nerviosa aventurarme en El Bronx. No hablaba inglés y todo era muy distinto a la vida que conocía antes de la guerra, pero estar en la ciudad más famosa del mundo era demasiado tentador como para quedarme en la casa. Hicimos tanto turismo como pudimos. Recuerdo viajar en el metro, solo costaba cinco céntimos el viaje. Visitamos algunos de los monumentos conocidos de Manhattan. No los recuerdo a todos, pero ¿cómo podría olvidar el Empire State? No subimos hasta la cima, pero fue impresionante verlo en el horizonte.

En mi décimo día en los Estados Unidos, me dijeron que habían encontrado una casa para mí. Una familia en Búfalo, Nueva York me hospedaría voluntariamente. No tenía idea de dónde se encontraba Búfalo. Al día siguiente, estaba en un tren en dirección al norte.

En la estación de aquella ciudad, un trabajador social me esperaba para llevarme a mi nuevo hogar. La familia que me hospedaba era judía. Su nombre era Friedman y todavía puedo recordar la dirección —Avenida Huntington 15. Era una casa grande con cuatro dormitorios. Tenían cuatro hijos, tres mujeres y un varón. Solo una de las hijas y el hijo todavía vivían allí cuando llegué. El muchacho tenía una tienda de electrodomésticos y la joven todavía estaba en la universidad. Las hijas mayores ya estaban casadas. Una vivía en Michigan y la otra todavía por la zona de Búfalo. Así que, dos de las habitaciones estaban ahora vacías y yo tenía mi propio dormitorio. Qué lujoso me parecía, luego de haber vivido en barracones llenos de gente durante la mayor parte de la guerra.

Me alegraba tener privacidad. Dado que no podía comunicarme bien con mis anfitriones, era un alivio tener la posibilidad de estar sola sin sentir la presión de interactuar. Aunque, probablemente, lo que más necesitaba era empezar a aprender inglés. Los padres hablaban yidis, que entendía, pero no lo hablaba bien. Las horas de la comida eran incómodas. Conversaban principalmente en inglés, así que no tenía idea de lo que estaban diciendo. Por momentos, trataban de incluirme, pero, por supuesto, los intentos no eran muy productivos. Por un periodo corto, tomé algunas clases de inglés básico con un tutor privado. Llevaba siempre mi diccionario polaco-inglés en la mano.

Solo unos días después de que llegué a Búfalo, recibí una llamada de teléfono misteriosa. La atendí y escuché a una mujer, ¡hablando alemán! Fue genial poder comunicarme con claridad de nuevo. Comenzó a preguntarme sobre mi historia. Sus preguntas revelaban que sabía mucho sobre lo que les había pasado a los supervivientes en Europa. Me preguntó sobre los campos de trabajo en los que había estado y cuando y donde fui liberada. Aquellas preguntas podrían no parecer poco usuales hoy en día, ya que ahora sabemos mucho sobre el Holocausto. Pero en aquellos primeros años después de la guerra, no muchos americanos, incluyendo a los judíos americanos, estaban al tanto de los detalles de esta trágica historia.

La mujer continuó haciéndome preguntas hasta que descubrió que había estado en la marcha de la muerte a Volary. En ese momento, me contó que otra mujer en Búfalo también había estado en aquella marcha. Cuando me dijo su nombre, casi dejé caer el teléfono. Era Gerda Weissmann Klein. Conocía a Gerda muy bien. Habíamos trabajado una al lado de la otra en telares mecánicos adyacentes en el campo de Landeshut, pero no pasamos mucho tiempo juntas en la marcha. Era cuatro o cinco años mayor que yo. Para nuestra corta edad, era una diferencia significativa. Y, por supuesto, me mantuve cercana a Halinka y a Lili durante nuestro calvario. A pesar de eso, me alegró mucho saber que vivíamos tan cerca.

La mujer me dio su número de teléfono y la llamé inmediatamente, nos encontramos solo algunas horas más tarde. Charlamos por horas. Derramé lágrimas durante toda la conversación. Fue terapéutico hablar sobre las cosas horribles que habíamos experimentado. Hasta ese momento, la barrera idiomática me lo había impedido. E incluso si hubiera hablado inglés, nadie de los que conocía hasta ese momento en Búfalo habría podido entender por lo que tuve que pasar. Tener a Gerda cerca fue un regalo del cielo. Nuestro tiempo juntas me ayudó a sanar y adecuarme a la nueva vida que me esperaba.

Gerda se había casado con un teniente americano que había conocido en Volary luego de haber sido liberada. Él era de Búfalo y se instalaron allí. Ella escribió un libro sobre su experiencia en la marcha. Fue el primer relato detallado de la marcha en ser escrito. Ganó muchos premios y se hizo conocida. Como resultado, se volvió activista de los derechos humanos y oradora sobre el Holocausto. Recrearon su historia en un cortometraje que ganó un Oscar y un Emmy.

Gerda y yo nos volvimos muy buenas amigas. Después de dar a luz a su primer bebé, me pidió que la ayudara a ir desde el hospital a su casa. Quería que yo cargase al bebé hacia el carro, cuando fuera la hora de irse. Me sentí honrada. Tratando de ser elegante para demostrar mi gratitud, me puse tacones altos. Gerda los vio y me dijo que no me dejaría cargar al bebé si llevaba esos zapatos. ¡Temía que tropezara y dejara caer al bebé!

Mi amiga Lili me había escrito diciéndome que estaba trabajando duro para encontrar una manera de llegar a América. Gerda cumplió un rol fundamental en ayudarla. Ella y mis anfitriones, los Friedmans, trabajaron juntos para hacer realidad el deseo de Lili. Pronto estaría con nosotras en Búfalo. ¡Qué alegría estar de nuevo con mi querida amiga! Me había ayudado a sobrevivir y la quería como a una hermana. Lili conoció y se casó con su esposo en Búfalo y vivió allí hasta su muerte. Aunque luego me mudé a la zona de Nueva York, continuamos siendo amigas cercanas hasta los últimos años de su vida.

Qué torbellino habían sido para mí aquellas primeras semanas en América. Menos de un mes antes, viajaba de Alemania a Austria disfrutando mi nueva libertad. En dos semanas, estaba en un barco a América. Veinte días después, tenía mi propio cuarto en Búfalo. Y en solo otras dos semanas, estaría sentada en el aula de una escuela americana, sin poder todavía hablar una palabra de inglés.

En septiembre de 1946, a los 17 años, entré a Bennet High School como estudiante. Todos mis compañeros de clase eran menores que yo por dos o tres años. En la adultez no es una diferencia significante, pero en aquellos primeros años de adolescencia la diferencia es gigante. No había estado en la escuela en más de siete años. Culturalmente, también era muy distinta, y a eso debía añadirle mi aislamiento y retraimiento. Realmente me sentía fuera de lugar y un poco avergonzada. Saber que tenía una buena razón por la que estaba retrasada en mis estudios no aplacaba mi incomodidad.

Sin embargo, estos sentimientos me motivaban a perseverar en el estudio y me decidí a alcanzar a los estudiantes de mi edad. Me enfocaba en la escuela y estudiaba por largas horas todos los días. Le solicité a los administradores del colegio que me permitiesen faltar a ciertas clases que fuesen menos académicas, como educación física y actividades prácticas. Estuvieron de acuerdo y dupliqué horas en otras clases más avanzadas, obligatorias para graduarse.

Mis esfuerzos dieron sus frutos, y en dos largos años, estaba lista para graduarme. Mis maestros y compañeros estaban asombrados. ¡Y yo también! Mi inglés no era perfecto todavía, pero era capaz de entender y comunicarme muy bien. El periódico local de Búfalo incluyó un artículo con mis logros. Eso me puso muy orgullosa y todavía conservo el recorte.

SOBREVIVIENDO A AMÉRICA
1946-1948

Aquellos dos años parecieron pasar rápido en algunos momentos, pero en otros no. Especialmente el primer año. Extrañaba mucho a Lonek. Habíamos podido mantener el contacto a través de cartas, pero tardaban mucho en llegar y no con la frecuencia que esperaba. Me preocupaba no volver a verlo nunca más. Y si era así, ¿conocería a otra persona? Lonek estaba celoso de que yo hubiese llegado a América antes que él, pero no lo demostró cuando nos separamos. Al contrario, lo usó como motivación para encontrar una manera de hacer lo mismo. Nos mantuvimos pacientes y nos alentábamos el uno al otro en nuestras cartas. Mientras tanto, la tía de Lonek hacía todo lo posible para que él pudiese viajar a los Estados Unidos.

La hermana de su mamá había inmigrado a Nueva York años antes de la guerra. Y como veía que el antisemitismo crecía en Europa, le rogó a la familia de Lonek que dejasen Polonia para viajar a los Estados Unidos. Sin embargo, el padre de Lonek estaba llevando adelante, ya por muchos años, un negocio exitoso y no quería perderlo. Mudarse a América y tener que empezar desde cero era muy abrumador para él. No hablaba inglés y sabía que la mayoría de los inmigrantes terminaban trabajando en talleres clandestinos y permanecían pobres, después de establecerse allí. Era consciente de que Hitler era una amenaza, pero no podía prever los planes terribles que tenía para los judíos. Su padre pasó muchos años en Viena, mientras servía en el ejército austríaco. Desde aquella experiencia, sintió que los alemanes eran las personas más civilizadas y cultas del mundo. Era ya demasiado tarde, cuando se encontró impresionado por la condescendencia alemana hacia tal salvajismo.

Las semanas se hicieron meses, y me preguntaba si Lonek podría alguna vez llegar a América. Luego, un día, recibí una noticia maravillosa en una de sus cartas. Había conseguido una visa y pronto estaría en los Estados Unidos. Le había tomado un poco más de un año desde mi partida, pero finalmente se hizo realidad. En octubre de 1947, Lonek desembarcó del SS Ernie Pyle, uno de los barcos más famosos que traía judíos inmigrantes desde Europa después de la guerra.

Su familia en Nueva York lo alojó y comenzó su largo camino para volverse americano. Pasarían dos meses más antes de que pudiésemos volver a estar juntos. En la víspera de Año Nuevo de 1948, nos reencontramos en Nueva York. Celebramos el nuevo año con mucha felicidad. Fue muy bueno ver a sus hermanos de nuevo y conocer a su familia extensa por primera vez. La semana de Año Nuevo pasó muy rápido. Antes de que pudiese darme cuenta, había vuelto a la escuela en Búfalo. Me preguntaba cuándo nos volveríamos a ver. Pasarían otros largos cinco meses antes de que eso ocurriera.

El final del año escolar en la primavera de 1948 se acercaba. Estaba muy segura de que tendría suficientes créditos para graduarme de la secundaria. Así que, invité a Lonek a venir a Búfalo para ayudarme a celebrar. No pudo atender mi ceremonia de graduación por cuestiones de espacio limitado. Sin embargo, sí me acompañó al baile de graduación. Era un muy buen bailarín, pasamos una velada estupenda.

Comenzamos a planear cómo traeríamos a Lonek a Búfalo. Una vez más, Gerda, mi maravillosa amiga, vendría al rescate. Ella y su esposo ofrecieron hospedar a Lonek por un tiempo. No solo lo alojaron, sino que también el esposo de Gerda encontró un trabajo para él, como oficinista de embarques, en una tienda local de artículos de deporte.

Mientras estaba en Búfalo, nuestra relación se hizo más fuerte. Decidimos que contraeríamos matrimonio, aunque ambos sabíamos que necesitábamos más estabilidad antes de comprometernos. ¿De qué viviríamos? ¿Dónde nos instalaríamos? Había sido una bendición estar en Búfalo, pero estaba muy cansada del invierno severo. Las tormentas de nieve que provenían del lago podían enterrar autos y casas. Tenía suerte de que mis anfitriones pudieran conseguirme algo de ropa de invierno, especialmente botas para la nieve, que eran muy difíciles de encontrar después de la guerra.

Había terminado la escuela y pensé en ir a la universidad, pero sentía la presión de comenzar a ganar dinero. Estaba cansada de depender de la caridad de otros para sobrevivir. Deseaba con fervor poder ser autosuficiente y tener mi propio lugar para vivir. Así que preferí buscar un trabajo que aplicar para la universidad. Me contrataron como asistente de un laboratorio odontológico. Fue muy bueno tener mi propio dinero y comenzar a ahorrar un poco.

El verano pasó muy rápido y Lonek y yo nos divertimos mucho juntos. Aquella fue la primera vez desde Austria que disfrutamos estar juntos durante un tiempo estable, pero terminaría muy pronto. Luego de seis meses en Búfalo, su hermano, Edek, le pidió que volviese a Nueva York. Edek había comprado un pequeño almacén de comida en Brooklyn con un préstamo que le había hecho su tía. Necesitaba ayuda para manejarlo y presionó a Lonek para que lo acompañase en su nueva aventura. Lonek se sintió muy triste por tener que volver, pero se percató de que podía ser la llave para nuestro futuro, así que regresó. Encontraron dificultades con el negocio y con el tiempo tuvieron que abandonarlo. Lonek trabajó en muchos otros trabajos después de eso, los cuales le parecieron muy poco satisfactorios. Luego de un tiempo, él y su hermano invirtieron en una compañía de bienes raíces que construía casas y apartamentos. El mercado de bienes raíces estaba creciendo rápidamente, ya que había una gran demanda de viviendas después de la guerra. Entraron en el momento justo. El negocio creció rápidamente y sería su fuente de ingresos hasta jubilarse.

Lonek y yo nos casamos el 24 de octubre de 1949. Y fuimos bendecidos con una hermosa y amorosa familia, dos hijas y un hijo. Nuestra vida familiar tuvo momentos de gran alegría y también momentos de gran dolor. Mi hija mayor, Susan, nació en 1952 y vive cerca de aquí, en Nueva Jersey. Tiene tres hijas: Jamie, Danielle y Carly. Jamie y Danielle están casadas y comenzando a formar sus familias. Jamie nos dio dos bisnietos, un niño, Liev Max y una niña, Rafi.

Mi hija menor, Nina, nació en 1967. Tiene dos hermosos niños con nombres muy creativos. Su hijo se llama Xander y su hija Drew. No la vemos tanto como quisiéramos porque ella y su esposo, Noah, viven ahora en Los Ángeles.

Mi hijo David nació poco más de un año después que Susan y era muy brillante e inteligente. Lo amábamos mucho y nos daba mucha alegría. Le iba extremadamente bien como especialista en comunicación en la Universidad de Boston cuando le diagnosticaron cáncer cerebral. Su valiente lucha contra esta temida enfermedad fue inspiradora. Tristemente, tras dos años de quimioterapia, cirugía y varios tratamientos, falleció. Fueron dos años de infierno y agonía para nosotros. Lo extrañamos enormemente, pero lo recordamos cada día con mucho amor y cariño.

MIRANDO ATRÁS

Mi historia está llena de una suerte increíble. Muchas veces durante mi lucha por sobrevivir, el destino se puso a mi favor. E incluso después de que el horror acabó, la suerte continuó acompañándome. Fui afortunada de ser una de los primeros supervivientes en ser admitida para vivir en América. Una vez allí, fui también muy afortunada de encontrarme cerca de personas con las que había atravesado aquel calvario. Me dieron el apoyo que necesitaba y el espacio para descargarme y procesar lo que había ocurrido. Fui afortunada de haber conocido a Lonek y a su familia. Se convirtieron también en la mía, ya que había perdido a casi todos mis familiares.

Muchos de los supervivientes del Holocausto no pudieron, por muchos años, soportar hablar sobre sus experiencias. Algunos de ellos nunca las contaron. Para la mayoría el dolor de revivir los recuerdos fue demasiado difícil. No estaba reacia a aquel dolor, pero encontré que la gente en los Estados Unidos que no había experimentado la guerra no quería escucharme hablando del tema. Era demasiado que procesar para ellos. Incluso aquellos judíos cuyos familiares habían viajado a América antes de la guerra y no habían vivido bajo aquella amenaza raramente estaban listos para escuchar. Así que no encontramos muchos oídos empáticos, especialmente en los primeros años después de la guerra.

Si no hubiera tenido momentos para descargarme y hablar sobre lo que pasó, habría sido difícil para mí. Así que, una vez más, fui afortunada de haber estado rodeada de amigos y de la nueva familia que formamos con Lonek para compartir nuestro dolor y pena. Cuando estábamos juntos, nunca nos oponíamos a hablar sobre eso. No obligábamos a nuestros hijos a escuchar las historias del horror que vivimos, pero tampoco nos negábamos a hablar si surgía el tema en nuestras muchas reuniones con familia y amigos. Si los niños estaban en la habitación, seguíamos hablando, no les escondíamos nada.

Se dice, a menudo, que el trauma que experimentamos puede pasarse de generación en generación. Creo que mis hijos y mis nietos tuvieron un entendimiento sano de lo que nos ocurrió; no nos obsesionamos con el tema, pero tampoco lo ignoramos ni tratamos de escaparnos de él. De hecho, viajamos muchas veces a Europa a través de los años para volver a visitar mi pueblo natal y otros lugares por dónde pasé con la marcha, hablándolo con nuestros hijos y nietos en aquellos viajes. Visitamos varias veces el pueblo natal de Lonek, Tluste, ahora en el oeste de Ucrania, para que entendieran también su historia. Y varias veces como familia hemos visitado Yad Vashem, el centro conmemorativo del Holocausto en Jerusalén.

En 1985, visitamos Częstochowa y encontramos el apartamento en donde crecí antes de la guerra. Me sorprendió encontrarlo bastante similar a como lo recordaba. Aquella fue una visita agridulce. Surgieron algunos recuerdos felices de cuando era pequeña, pero también el dolor de haber perdido a mi madre y a mi padre.

En 1995, el pueblo de Volary junto con otros pueblos checos cercanos llevaron a cabo una conmemoración de los 50 años del fin de la guerra en Europa. Los supervivientes de la marcha a Volary que todavía vivían fueron convocados como invitados de honor. Fue una ceremonia muy especial.

Hay un cementerio en Volary donde están enterradas algunas de las jovencitas que murieron cerca del final de la marcha. Es muy notable. Se cree que es el único monumento en Europa donde las víctimas de la masacre del Holocausto tienen lápidas marcadas e individuales. Un grupo de soldados americanos fueron los que crearon el cementerio. Luego de que nos liberaron, buscaron alrededor de la zona los cuerpos de las jóvenes que habían muerto o sido asesinadas. Obligaron a los ciudadanos alemanes de la zona a exhumar los cuerpos de las tumbas poco profundas y a llevarlos al cementerio para que fuesen enterrados de manera apropiada. A cada víctima se le dio un entierro judío, una tumba individual y una lápida mortuoria. En la mitad del cementerio levantaron una hermosa estatua en honor a las víctimas de la marcha. La estatua de bronce tiene unos 3 metros y medio de altura y es una figura femenina abstracta.

En la ceremonia nos recibieron con música y flores. Los alcaldes de los pueblos organizaron recepciones formales y nos invitaron a firmar las crónicas del pueblo. En una de las ceremonias, ayudamos a estudiantes de la escuela secundaria de Volary a plantar 95 árboles, uno por cada víctima en el cementerio. Se convirtió en un monumento conmemorativo en el jardín de la escuela. Los niños nos dieron una pieza de cerámica que hicieron ellos mismos y disfrutamos mucho escribir en sus libros de firmas. Después, le hicimos entrega de una donación que se utilizó para comprar instrumentos musicales nuevos para la banda escolar.

Antes de llevar a cabo la conmemoración en el cementerio, las mujeres pusieron velas y flores en la base de cada lápida. Varias marcadas como *Neznama*, palabra checa para «desconocida». El alcalde de Volary nos prometió que el pueblo siempre cuidaría las tumbas como un deber de honor.

Mi amiga Lili dio un pequeño discurso en el cual dijo: «Mientras estamos aquí, nos duele el corazón por nuestras hermanas asesinadas. Le agradecemos al alcalde por darnos la oportunidad de poder ponerle un fin a esta historia al decirles adiós y desearles un descanso en paz». Luego recitamos un rezo especial conocido como *Kaddish*. Cerramos el servicio coreando *El Maleh Rachamim*, un rezo judío para el alma de una persona que murió.

Aquella noche, en la ceremonia en el cine, el alcalde le otorgó a cada superviviente una moneda de plata conmemorativa especialmente acuñada, una estatuilla a escala de la escultura en el cementerio, un certificado y una rosa roja. Fue una reunión en la que lloramos de alegría y tristeza.

En el mismo viaje, Lonek y yo fuimos a Salzburgo a visitar el lugar donde nos conocimos por primera vez, las instalaciones militares que funcionaron como campamento de desplazados. Recordamos la alegría de encontrar la libertad y de empezar una vida juntos. Fue lindo visitar un lugar que nos trajo recuerdos felices más que aquellos lugares que nos recordaban el horror que habíamos enfrentado.

La corriente de antisemitismo se está incrementando de nuevo en el mundo. Es aterrador que continue existiendo y que tantas personas sigan negando el Holocausto. Recordar es importante. Nunca podremos decir demasiadas veces o lo suficientemente alto «Nunca olviden».

EPÍLOGO

A menudo me preguntan qué lecciones me gustaría que la gente aprendiese de mis experiencias. Creo que esperan que diga algo como: «A pesar de lo difícil que sea la situación en la que te encuentras, a pesar de lo desoladora que pueda ser y a pesar de las adversidades, debes buscar dentro de ti la voluntad de vivir». No niego que esta manera de pensar sea crucial ante tales circunstancias, pero tampoco creo que yo haya tenido más voluntad de vivir que los que perecieron a mi alrededor.

No había ocurrido ni ha ocurrido todavía en la historia humana un terror igual al que experimenté y al que fuimos sometidos. Lo que les pasó a los judíos durante el Holocausto fue tan malvado y salvaje que la voluntad de vivir tiene poco poder para superarlo. Mi historia no es la historia habitual que puede dejar las moralejas esperables.

Tengo que decir que mi historia estuvo llena de una suerte increíble más que de poder o de voluntad o de cualquier otro atributo que yo pueda tener. Era una niña, inocente e ingenua. Sabía ya muy poco sobre cómo sobrevivir por mí misma en un mundo normal, y mucho menos en uno que había sido sumido en una tiranía llena de odio. Desde el principio, erradicarnos de la faz de la tierra ha sido su meta principal. Ellos tenían todo el poder, la fuerza y la voluntad para hacerlo. Y se acercaron mucho a su objetivo. La voluntad de una pequeña niña nunca habría podido alzarse contra ellos.

Mi supervivencia es una serie de hechos afortunados. Incontables veces, me podrían haber ejecutado a mí en lugar de elegir a la niña a mi lado. Incontables veces, podría haber quedado atrapada en un fuego cruzado en algunas de las *aktion* que presencié. Incontables veces, me podría haber muerto de hambre o podría haber sucumbido al frío en la lluvia, en la cellisca o en la nieve.

Vi a muchas mujeres que marcharon conmigo morir. La mayoría de ellas eran más fuertes, listas y tenían mucha más voluntad de vivir que yo. En esencia, se podría decir que yo gané la lotería repetidas veces hasta que el juego finalmente acabó.

Pienso a menudo en esto. Pienso en aquellos hombres valientes que lucharon para los aliados, quienes finalmente nos liberaron. Millones de ellos murieron en aquella lucha. No ganaron la lotería. Pienso en los seis millones de judíos que perecieron. Tampoco ganaron la lotería. En total, se estima que más de 70 millones de personas murieron durante la guerra. Estoy segura de que la mayoría de ellos tuvieron una fuerte voluntad de vivir.

No estoy diciendo que la voluntad de vivir no sea importante. Sin ella, uno estaría acabado. Pero para mí, significó solo una parte diminuta de la razón por la cual sigo aquí. Me ayudó gente que encontré en el camino, algunos pusieron sus vidas en peligro para socorrerme. Estoy tan agradecida con ellos. Aquello fue más que suerte. Aquellas personas que, a pesar de las consecuencias, estuvieron listas para hacer lo que era correcto. Sin esa actitud, estaríamos todos acabados. Sin mi familia, la mayoría de los cuales no sobrevivió no podría haber escapado.

No busco ningún elogio o galardón por mi historia de supervivencia. Finalmente decidí contarla para agregarla a los cientos de miles de historias de supervivencia, con la esperanza de que las generaciones venideras nunca olviden.

Una vez más, recordar es difícil, pero es algo que debemos esforzarnos por hacer para que este horror no vuelva a ocurrir nunca más.

AGRADECIMIENTOS

Quiero expresar mi gratitud y aprecio a Edwin Stepp por haberme ayudado a crear este libro. A pesar de haber nacido en América muchos años después de la guerra, posee sensibilidad y entendimiento de los eventos que ocurrieron durante el Holocausto. Algo poco habitual para alguien que no ha experimentado el trauma en carne propia.

FOTOGRAFÍAS

Halina y su madre justo antes de la Segunda Guerra Mundial. Halina guardó esta foto en su zapato durante toda la marcha, a pesar del gran riesgo que eso implicaba.

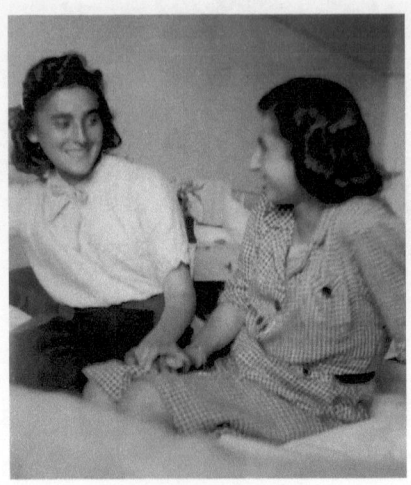

Halina y Lili tomadas de la mano en una cama del hospital en Prachatice.

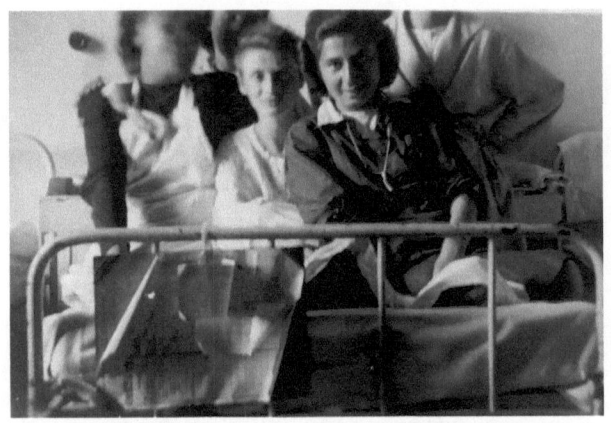

Halina (derecha) y Lili (izquierda) con las enfermeras en el hospital de Prachatice.

Halina con sus nuevos amigos en Prachatice. Halina (en el centro de la foto) con su amiga Helen (apellido desconocido) recostada sobre su falda y Lili reclinada en el suelo justo a la derecha.

Halina con otro grupo de nuevos amigos en Prachatice. Halina se encuentra en la parte inferior izquierda sosteniendo un arma de un soldado americano.

Halina posando con soldados americanos.

Halina en Prachatice después de su recuperación en el hospital.

Halina y Lonek despidiéndose mientras ella aborda el tren hacia el barco que la llevará a los Estados Unidos.

Artículo en el Buffalo Courier Express *de junio de 1948, elogiando a Halina por finalizar cuatro años de secundaria en tan solo dos.*

Halina visitando la casa donde su familia vivía en Czestochowa antes de la guerra. Se veía muy similar a cómo la dejaron cuando los obligaron a irse de allí.

Tumbas de las desconocidas en Volary.

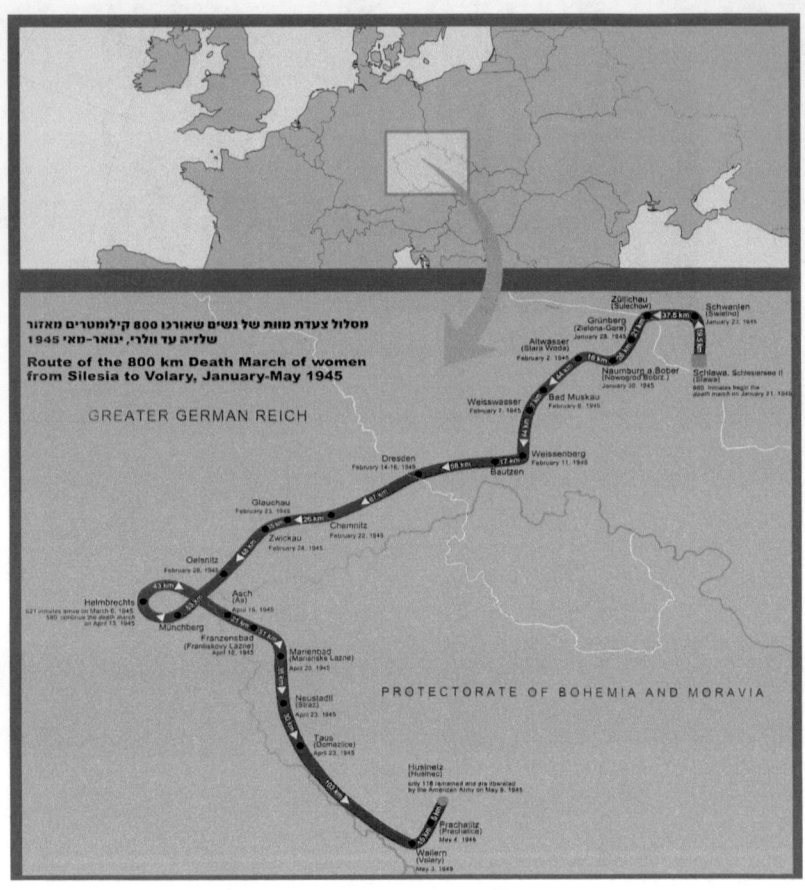

Ruta de la marcha de la muerte a Volary. Derechos de autor: Yad Vashem, Jerusalén.

SOLOCITUD CORDIAL

Si os ha gustado leer las memorias de mi padre, por favor, dejad una reseña en Amazon o en Goodreads. Unas palabras amables son suficientes. Os lo agradeceríamos mucho.

Por otra parte, si lo habéis leído como un libro electrónico de Kindle, sencillamente podéis puntuarlo.
Es solo un clic indicando cuántas estrellas, sobre cinco, creéis que se merece este libro.
Os llevará solo un segundo.
¡Muchas gracias por adelantado!

Halina Kleiner y Edwin Stepp

SOLICITUD CORDIAL

SOBRE LOS AUTORES

Halina Goldberg Kleiner, nacida en Czestochowa, Polonia en 1929. Su padre era dueño de un almacén de madera de la ciudad hasta que los nazis se lo arrebataron, después de invadir Polonia en 1939. Allí comenzó su terrible historia de supervivencia. Fue una de las pocas supervivientes de la infame marcha de la muerte a Volary. Halina conoció a su futuro esposo, Leon Kleiner, después de la guerra en un campo de desplazados en Salzburgo, Austria. Pasaron la mayor parte del siguiente año conociéndose y teniendo la esperanza de poder casarse algún día. Halina fue una de las primeras personas judías a las que se le permitió inmigrar a los Estados Unidos y en el verano de 1946, se instaló en Búfalo, Nueva York. Allí asombró a sus maestros al finalizar la secundaria en tan solo dos años, a pesar de que no hablaba ni una palabra de inglés cuando llegó. Ella y Leon se reencontraron en los Estados Unidos en 1948, luego de que Leon tuviera la posibilidad de inmigrar a Nueva York. Se casaron en octubre de 1949 y comenzaron juntos una vida próspera. Tenían tres hijos que les dieron cinco nietos y ahora tienen dos bisnietos.

Tristemente, Halina murió el 9 de abril de 2022, poco antes de que su historia pudiera ser publicada. Tenía 93 años.

Edwin Stepp tiene más de 30 años de experiencia en medios de comunicación, *marketing* y publicidad. Fue editor ejecutivo de la revista trimestral *Vision—Journal for a New World,* por más de 15 años. La revista tuvo una tirada modesta, pero fue distribuida en más de 75 países alrededor del mundo. Escribió docenas de artículos sobre historia, cultura, medioambiente y eventos actuales. La revista tenía una página web complementaria que recibía más de 250.000 visitas al mes. Edwin dirigía el desarrollo de la página y también la aplicación móvil para la distribución adicional de contenido. Desde aquel puesto, ayudó a escribir y editar varios libros sobre historia cristiana y judía publicada por la revista. En el 2011, Edwin fundó *Django Productions* una compañía productora de televisión y cine enfocada en documentales y entretenimiento de no ficción. Edwin continúa perfeccionando su talento como escritor a medida que desarrolla estas películas y sus guiones.

De encontrarse interesado por la premiada historia de vida de Leon Kleiner (esposo de Halina Kleiner, llamado Lonek en esta autobiografía), puede descargar una copia del libro en Amazon Kindle o comprar una copia física en la librería, en Amazon o en Barnes & Noble.

MÁS DE AMSTERDAM PUBLISHERS

La serie **Supervivientes del Holocausto** consiste en las siguientes autobiografías:

El aprendiz de Buchenwald. La verdadera historia del adolescente que saboteó la máquina de guerra de Hitler, de Oren Schneider

Alexander Rosenberg era un adolescente inteligente y curioso que hablaba varios idiomas, coleccionaba sellos, tocaba el violín y tenía una vida mimada junto a sus acomodados padres en un tranquilo pueblo checoslovaco. El auge del fascismo y del nazismo en Alemania desmoronó su mundo protegido y acabó con el sueño de una asimilación judía secular en la Europa de los años 30. Utilizando sus últimas reservas de riqueza e influencia para escapar del exterminio, los Rosenberg se ocultan para evitar a la Gestapo. Finalmente, descubiertos, capturados y llevados a Buchenwald, el campo de concentración más grande de Alemania, Alexander y su padre colaboran para sobrevivir día a día. Una caótica cadena de acontecimientos coloca al joven Alexander en el centro de un masivo plan de sabotaje armamentístico. Cuando su padre resulta gravemente herido y desaparece tras un bombardeo aéreo, el laborioso Alexander debe crear influencia y utilizar las maquinaciones de la guerra y su talento innato para salvar la vida de su padre. Esta historia universal y real de fuerza interior, ingenio y optimismo fue documentada y escrita por el nieto de Alexander, Oren Schneider. Está dedicada a las personas valientes de todo el mundo que deciden no rendirse.

Memorias de Hank Brodt. Una vela y una promesa, *de Deborah Donnelly*

Un adolescente vive en un orfanato judío. Los nazis entran en su ciudad de Polonia en 1939.

¿Cómo conseguirá el chico de 14 años sobrevivir a las salvajadas por sí mismo y mantener su humanidad?

Esta chocante biografía del superviviente del Holocausto Hank Brodt (1925-2020) ofrece un vistazo personal al mundo interior de un chico en el régimen nazi y arroja luz a verdades repugnantes de forma honesta y objetiva.

Hank Brodt vivió uno de los períodos más oscuros de la historia de la humanidad y sobrevivió a la devastación de la Segunda Guerra Mundial. Nacido en una familia pobre de Boryslav (Polonia), lo metieron en un orfanato judío. La infancia de Hank quedó destrozada cuando los nazis entraron brutalmente en Polonia. Durante los años siguientes, libró una batalla diaria para sobrevivir y perdió a toda su familia. Trasladado de los campos de trabajos forzados a los campos de concentración, uno de los cuales aparece en la lista de Schindler, su mundo dentro de las vallas consistía en resistencia callada, lágrimas invisibles y lloros silenciosos.

Cuesta creer que alguien que soportó unos acontecimientos tan horribles podría llegar a vivir una vida de gratitud hasta hoy. Con su compasión inquebrantable hacia los demás, Brodt consiguió mantener su humanidad y encontrar la forma de seguir adelante.

Las memorias del Holocausto de Hank Brodt son un recordatorio necesario de una de las épocas más desagradables de la historia de la civilización humana.

Mi marcha a través del infierno. El aterrador viaje de una jovencita hacia la supervivencia, de Halina Kleiner con Edwin Stepp

Una jovencita se ve, de repente, completamente sola y escapando de los nazis en su pueblo natal en Polonia. Después de haber sobrevivido a una *aktion* ideada para eliminar completamente a los judíos de Czestochowa, ella y su padre tratan de dirigirse de regreso a su casa a altas horas de la noche.

Confrontados por un policía, Halina, inexplicablemente, huye y se aparta de su padre y comienza su largo viaje de supervivencia. Cansada ya de escapar, decide ofrecerse como voluntaria en un campo de trabajo. Aquella decisión la hace ganar algo de tiempo; los alemanes necesitan trabajadores para el esfuerzo de guerra. Halina trabaja en tres campos diferentes desde el otoño de 1943 hasta enero de 1945. Al principio, puede tolerar vivir en aquellos campos, a pesar de que trabaja muy duro y la alimentan muy poco, pero cuando los alemanes comienzan a perder la guerra, las condiciones se vuelven deplorables. Los judíos comienzan a infestarse de enfermedades y sus captores se vuelven cada vez más crueles.

Al hacerse evidente que los alemanes están perdiendo la guerra, las SS vacían los campos y ponen a más de 2000 mujeres a caminar una marcha durante cuatro meses. En esta marcha caminarían más de 800 kilómetros, durante uno de los inviernos europeos más frío registrados. Halina fue una de las 300 mujeres en sobrevivir la marcha de la muerte a Volary y finalmente sintió la necesidad de contar su terrible historia de supervivencia.

www.ingramcontent.com/pod-product-compliance
Lightning Source LLC
LaVergne TN
LVHW041921070526
838199LV00051BA/2690